Direito das famílias

temas sob a ótica da sociedade contemporânea

PÂMELA FARIA

Copyright © 2024 Pâmela Victória Ferreira Faria

Todos os direitos reservados.

ISBN:9798321509036

DEDICATÓRIA

A A minha família e a todas as famílias brasileiras que com sua pluralidade e diversidade enriquecem o debate jurídico e tornam a sociedade mais justa e igualitária.

CONTEÚDO

	Agradecimentos	I
	Introdução	
1	Doutrina direito civil constitucional e a publicização do direito civil	página 09
2	Da transição do retrógado Pátrio Poder para o poder familiar em seu viés igualitário e as diversas possibilidades de constituições familiares	página 19
3	A família eudemonista e o afeto como princípio basilar do direito das famílias	página 21
4	O casamento homoafetivo e o avanço no reconhecimento da pluralidade e diversidade das entidades familiars	página 27
5	Os desafios de compatibilizer a atuação do juiz com a constituição Federal, o/CPC e o CPP	página 30
6	O companheiro equiparado ao cônjuge para fins sucessórios	página 41
7	A possibilidade jurídica da multiparentalidade e seus reflexos nos direitos sucessórios.	página 55
	8 Da necessidade de alteração do ART.1240A do CC/02	página 77
	Conclusão	
	Referências	página 80
		página 82

AGRADECIMENTOS

A minha querida orientadora da graduação Kelly Sampaio Baião, por ser fonte de inspiração acadêmica e pelos gentis debates ao longo desses anos acerca do direito das famílias e seus desdobramentos.

INTRODUÇÃO

Após a promulgação da Constituição Federal de 1988-CRFB/88, funda-se uma nova ordem jurídica no Brasil. A CRFB/88 estabelece o Estado Democrático de Direito e todos os seus corolários com destaque especial aos Direitos Humanos.

A partir disso, vai se caminhando para uma publicização do direito privado, tendo como foco principal a concretização dos direitos existenciais e a dignidade da pessoa humana em detrimento de um direito meramente privatista.

Tendo a CRFB/88 como bússola o direito civil passa a ser questionado acerca de tratamentos diferentes a casos semelhantes, como por exemplo, companheiros e cônjuges, filhos socioafetivos. Dessa forma, o Supremo Tribunal Federal-STF-, guardião da CRFB/88 foi provocado ao longo dos anos para assegurar a isonomia e promoção dos Direitos Humanos.

Trataremos de diversos casos que contribuíram com o avanço do direito das famílias e como eles estão inseridos na sociedade contemporânea brasileira.

Capítulo 1- Doutrina direito civil constitucional e a publicização do direito civil

Com a promulgação da Constituição Federal, em 05 de outubro de 1988, ela passa a ser a norma central do ordenamento que irradia os fundamentos para os outros ramos do direito, devendo a legislação infraconstitucional seguir os parâmetros estabelecidos pela Constituição Federal, pois é dela que se retiram os fundamentos e diretrizes para as leis infraconstitucionais, devendo essas leis serem compatíveis com o texto constitucional.

Contudo, levou-se um tempo até que a doutrina e o ordenamento a visse como diploma parâmetro para o ordenamento jurídico brasileiro. A CRFB/88 inaugurou nosso atual Estado Democrático de Direito e até que doutrina civilista brasileira e jurisprudência dos Tribunais Superiores se firmassem no sentido de que a CRFB/88 de fato poderia ser a bússola do ordenamento jurídico por ostentar qualidade de democrática e de resguardar direitos e garantias fundamentais, o Código Civil de 1916 permaneceu no centro do ordenamento, nos anos iniciais de vigência da CRFB/88.

Tepedino[1] assevera que a doutrina civilista buscou responder como seria possível uma compatibilização do direito civil e nessa época o Direito Civil era visto com cunho patrimonialista e privado e a *novel* Constituição Federal que

---

[1] TEPEDINO, Gustavo. *Premissas metodológicas para a constitucionalização do direito civil*. Disponível em: <http://www.tepedino.adv.br/tep_artigos/premissas-metodologicas-para-a-constitucionalizacao-do-direito-civil/>. Acesso em: 05 abr 2019

mitigava a característica patrimonialista e privada do direito civil, ao introduzir, por exemplo, a norma constitucional de que a propriedade deveria cumprir sua função social[2], e, prevendo sanção de perda da propriedade ao proprietário que não segue aludido mandamento constitucional, configurando efetiva limitação ao direito da propriedade e abandonando a antiga premissa de que ele era absoluto.

Por conseguinte, Tepedino observa que a doutrina civilista passou a adjetivar o direito privado como socializado, publicizado, constitucionalizado, despatrimonizado, com o intuito de demonstrar uma absorção do direito privado pelo direito público[3].

O Código Civil de 1916 foi inspirado no Código Civil francês, que ficou conhecido como Código de Napoleão tendo como premissas regentes o individualismo e voluntarismo, possuindo como valor fundamental o indivíduo. A filosofia que marcou o Código Civil de 1916 foi a atuação dos sujeitos de direito contratante e proprietário, que estavam preocupados

---

[2] BRASIL. op. cit., nota 2.Art. 186. A função social é cumprida quando a propriedade rural atende, simultaneamente, segundo critérios e graus de exigência estabelecidos em lei, aos seguintes requisitos:
I - aproveitamento racional e adequado;
II - utilização adequada dos recursos naturais disponíveis e preservação do meio ambiente; III - observância das disposições que regulam as relações de trabalho;
IV - exploração que favoreça o bem-estar dos proprietários e dos trabalhadores.
[3]TEPEDINO, Gustavo. *Premissas metodológicas para a constitucionalização do direito civil.* Disponívelem:<http://www.tepedino.adv.br/tep_artigos/premissas-metodologicas-para-a-constitucionalizacao-do-direito-civil/>. Acesso em: 05 abr 2019.

com os anseios de contratar livremente, fazer circular riquezas e adquirir bens sem entraves legais[4]

Tepedino consigna que houve uma profunda alteração da dogmática do direito privado, com os avanços dos fatos sociais, passou-se a exigir do legislador, dos aplicadores do direito e da doutrina uma preocupação com o conteúdo e também com as finalidades desenvolvidas pelo sujeito de direito universalizante."[5]

Tepedino alude que com a entrada em vigor do Código de Defesa do Consumidor, bem como do Estatuto da Criança e do Adolescente, o Direito Civil perde a "cômoda unidade sistemática antes, assentada no Código Civil de 1916. A teoria geral dos contratos já não atende mais as necessidades próprias da sociedade de consumo, da contratação em massa, da contratação coletiva."[6]

Maria Celina Bodin de Moraes, argumenta que:

> Em íntima conexão com o fim da generalização dos conteúdos da razão prática (isto é, da ética) está o enfraquecimento, por vezes a desintegração, de modelos tradicionais, relativos à formação das identidades coletivas, como o Estado Nacional (basta pensar na União Europeia), as classes sociais, as crenças religiosas, os Partidos Políticos, os sindicatos. Este fenômeno acarreta, ainda, que categorias clássicas do direito constitucional, tais como "bem comum", "interesse público", "soberania", "lei", "direitos fundamentais", precisem ser

---

[4] Ibid.
[5] TEPEDINO, Gustavo. *Premissas metodológicas para a constitucionalização do direito civil.* Disponível em: <http://www.tepedino.adv.br/tep_artigos/premissas-metodologicas-para-a-constitucionalizacao-do-direito-civil/>. Acesso em: 05 abr 2019.
[6] Ibid.

repensadas. Do mesmo modo, como se verá igual necessidade se impõe com relação aos conceitos tradicionais do direito civil.[7]

A autora sustenta que com o advento das Constituições do Estados democráticos ao longo do século XX, os princípios do direito privado, bem como os princípios dos diversos ramos do direito passaram a fazer parte das Constituições. E que a dignidade da pessoa humana passou a ser princípio reitor dos ramos do direito, "consagrando-lhe plena e absoluta eficácia também no contexto que a ela mais diz respeito, na ordem jurídica que regula suas relações mais importantes justamente porque são as relações que a tocam mais de perto, isto é, o direito civil."[8]

Tepedino sustenta que para haver uma constitucionalização do Direito Civil deve-se eliminar do vocabulário do interprete civilista a expressão "carta política" para se referir a Constituição, porque segundo o autor, "suscita uma perigosa leitura que acaba por relegar a Constituição a um programa longínquo de ação, destituindo-a de seu papel unificador do direito privado[9]

---

[7] BODIN DE MORAES, Maria Celina. *Constituição e Direito Civil: Tendências.* Revista dos Tribunais. vol 779/ 2000. p. 47- 63 set. 2000. Doutrinas Essenciais Obrigações e Contratos. vol. 3 p. 343 - 364. jun. 2011.
[8] Ibid.
[9] TEPEDINO, Gustavo. *Premissas metodológicas para a constitucionalização do direito civil.* Disponível em: <http://www.tepedino.adv.br/tep_artigos/premissas-metodologicas-para-a-constitucionalizacao-do-direito-civil/>. Acesso em: 05 abr 2019.

A partir do processo de industrialização, que teve seu curso na primeira metade do século XX, bem como os crescentes dos movimentos sociais impulsionadas pelas dificuldades econômicas, que ensejavam uma intervenção do legislador, as Cartas políticas e as grandes constituições do pós-guerra tiveram a introdução de princípios e normas que estabeleciam deveres sociais na atividade econômica privada.

As Constituições passam a emergir como diploma disposto a demarcar os limites da autonomia privada, da propriedade e do controle de bens.[10]

Não havia no ordenamento jurídico brasileiro a noção de que a Constituição Federal é a norma central do ordenamento que irradia os fundamentos para os outros ramos do direito, devendo a legislação infraconstitucional seguir os parâmetros estabelecidos pela Constituição Federal, pois é dela que se retiram os fundamentos e diretrizes para as leis infraconstitucionais, devendo essas leis serem compatíveis com o texto constitucional.

Tepedino consigna que houve uma profunda alteração da dogmática do direito privado, com os avanços dos fatos sociais, passou-se a exigir do legislador, dos aplicadores do direito e da doutrina uma preocupação com o conteúdo e também com as finalidades desenvolvidas pelo sujeito de direito.[11]

---

[10] Ibid.
[11] TEPEDINO, Gustavo. *Premissas metodológicas para a constitucionalização do direito civil*. Disponível em: <http://www.tepedino.adv.br/tep_artigos/premissas-metodologicas-para-a-

O Código Civil então passa a perder seu protagonismo no que tange a regulamentação do direito privado, que passa a ser visto não mais numa dualidade estanque entre o direito público e privado, mas como um ramo do ordenamento e como tal passível de regulamentação pela Constituição que passa a assumir um protagonismo no sentido de tornar-se o diploma central dos ordenamentos jurídicos.

No mesmo sentido de Tepedino[12], Maria Celina Bodin de Moraes argumenta que há uma incerteza acerca dos limites do direito público e privado, sustenta que havia relações claramente pré-definidas entre o direito público e o direito privado e que as duas esferas eram "praticamente impermeáveis"[13].

---

constitucionalizacao-do-direito-civil/>. Acesso em: 05 abr 2019.
[12] TEPEDINO, Gustavo. *Premissas metodológicas para a constitucionalização do direito civil*. Disponível em:<http //www.tepedino.adv.br/tep_artigos/premissas-metodologicas-para-a-constitucionalizacao-do-direito-civil/>. Acesso em: 05 abr 2019.
[13] BODIN DE MORAES, Maria Celina. Constituição e Direito Civil: Tendências. *Revista dos Tribunais*. v. 779/ 2000. p. 47- 63 set. 2000. Doutrinas Essenciais Obrigações e Contratos. vol. 3 p. 343 - 364. jun. 2011.

Contudo, devido aos progressos, surgiram incertezas acerca dessas relações entre direito público e privado, Maria Celina Bodin de Moraes argumenta que esses progressos lavaram a disseminações de incerteza acerca dos "parâmetros tradicionais e consolidados, e que vêm propondo a criação de novos valores bem como, em consequência, engendrando novas e acessas controvérsias jurídicas, a ponto de se considerar estabelecido um novo paradigma: o da chamada pós-modernidade."[14]

Tepedino observa que "o percurso evolutivo dos institutos do direito privado é a demonstração eloquente desse processo."[15]

O protagonismo em torno do sujeito de direito no Código Civil "cede a atenção do legislador especial para com as atividades, seus riscos e impacto social, e para a forma de utilização dos bens disponíveis, de maneira a assegurar resultados sociais pretendidos pelo Estado."[16]

Essa sistemática é consagrada, no ordenamento jurídico brasileiro, com a promulgação da Constituição de 1988, "que inaugura uma nova fase e um novo papel para o Código Civil, a ser valorado e interpretado com inúmeros diplomas setoriais, cada um deles com vocação universalizante."[17]

---

[14] Ibid.
[15] TEPEDINO, Gustavo. *Premissas metodológicas para a constitucionalização do direito civil.* Disponível em:<http//www.tepedino.adv.br/tep_artigos/premissas-metodologicas-para-a-constitucionalizacao-do-direito-civil/>. Acesso em: 05 abr 2019
[16] Ibid.

Maria Celina Bodin de Moraes sustenta que com o advento das Constituições do Estados democráticos ao longo do século XX, os princípios do direito privado, bem como os princípios dos diversos ramos do direito passaram a fazer parte das Constituições.

E que a dignidade da pessoa humana passou a ser princípio reitor dos ramos do direito, "consagrando-lhe plena e absoluta eficácia também no contexto que a ela mais diz respeito, na ordem jurídica que regula suas relações mais importantes justamente porque são as relações que a tocam mais de perto, isto é, o direito civil."[18]

Tepedino sustenta que para haver uma constitucionalização do direito civil deve-se eliminar do vocabulário do interprete civilista a expressão "carta política" para se referir a Constituição, porque segundo o autor, "suscita uma perigosa leitura que acaba por relegar a Constituição a um programa longínquo de ação, destituindo-a de seu papel unificador do direito privado."[19]

O autor conclui sua análise observando que:

> a intervenção direta do Estado nas relações de direito privado, por outro lado, não significa um agigantamento do direito público em detrimento do direito civil que, dessa forma, perderia

---

[17] Ibid.
[18] Ibid.
[19] TEPEDINO, Gustavo. *Premissas metodológicas para a constitucionalização do direito civil.* Disponível em: <http://www.tepedino.adv.br/tep_artigos/premissas-metodologicas-para-a-constitucionalizacao-do-direito-civil/>. Acesso em: 05 abr 2019

espaço, como temem alguns. Muito ao contrário a perspectiva de interpretação civil-constitucional permite que sejam revigorados os institutos do direito civil, muitos deles defasados da realidade contemporânea e por isso mesmo relegados ao esquecimento e à ineficácia, repotencializando-os, de molde a torná-los compatíveis com as demandas sociais e econômicas da sociedade atual.[20]

Por fim, adverte que a adjetivação do direito civil como socializado, constitucionalizado, despatrimonizado deve se tratar em uma palavra que estabelece novos parâmetros para a redefinição de ordem pública, dando ao direito civil uma releitura à luz da Constituição, de maneira a privilegiar os valores não patrimoniais, particularmente a dignidade da pessoa humana, "o desenvolvimento da sua personalidade, os direitos sociais e a justiça distributiva, para cujo atendimento deve se voltar a iniciativa econômica privada e as situações jurídicas patrimoniais."[21]

A análise de Tepedino acerca do direito civil-constitucional foi feita sob a égide do Código Civil de 1916[22]. Em 11 de janeiro de 2003 entrou em vigor o novo Código Civil- CC/02-, insta salientar que apesar de ter sido aprovado apenas em 11 de janeiro de 2002, o projeto no qual originou o atual Código Civil é de 1975[23].

---

[20] Ibid.
[21] Ibid.
[22] A primeira versão do trabalho premissas metodológicas para a constitucionalização do Direito Civil foi feita para uma aula inaugural do ano acadêmico de 1992, proferida no salão nobre da Faculdade de Direito do Estado do Rio de Janeiro, em 12 de março de 1992 e republicada com

Ademais, como dito alhures, o projeto era do ano de 1975, e a sociedade até a entrada em vigor do novo Código passou por profundas mudanças[24], e ainda passa, principalmente quanto as relações atinentes ao direito de família, que devem refletir os fatos sociais percebidos naquela sociedade.

No entanto, o novo Código Civil, incorporou ao seu corpo legislativo a teoria do direito civil-constitucional, já que o novo diploma passou a prever a função social dos contratos, da empresa e da propriedade, o que ilustra a internalização dos preceitos constitucionais no direito privado.

O direito civil-constitucional, que vem como uma tendência de constitucionalização do direito privado, utilizando os princípios constitucionais para nortear as relações privadas e a orientar as relações entre o Estado e os particulares, de modo a conciliar os valores e preceitos consagrados na Constituição Federal com as regras que regem as relações interpessoais.

---

a entrada em vigor do Código Civil de 2002 no ano de 2006.
[23] BRASIL. Senado Federal. *Novo Código Civil exposição de motivos e texto sancionado*. Disponível em: <http://www2.senado.leg.br/bdsf/bitstream/handle/id/70319/743415.pdf?sequence=2>. Acesso em: 24 mai 2019.
[24] Uma das maiores mudanças observadas foi o fim da ditadura militar e a redemocratização do país que culminou com a promulgação da Constituição da República Federativa do Brasil em 05 de outubro de 1988. Também houve uma maior emancipação do papel feminino na sociedade, bem como mudanças tecnológicas no Brasil e no mundo que impactaram a sociedade.

Há, portanto, uma revisão de conceitos civis clássicos, no âmbito da família, contratos e propriedade.

Capítulo 02-Da transição do retrógado Pátrio Poder para o poder familiar em seu viés igualitário e as diversas possibilidades de constituições familiares

O Código Civil de 1916, tratava o poder familiar como pátrio poder, o que dava a entender que somente o genitor do sexo masculino teria direitos e obrigações perante a prole.

Com o advento da CRFB/88 e a ideia de igualdade essa nomenclatura e noção patriarcal da família foi ficando cada vez mais em desuso e dissonante com a nova realidade jurídica brasileira.

Embora ainda não alcançamos a tão sonhada igualdade de gênero, pelo menos nos direitos e obrigações aos filhos há tanto pela CRFB/88 quanto pelo Código Civil de 2002 tratamento paritário entre os genitores.

A regra do ordenamento é que obrigações e deveres da prole são de ambos os genitores, independentemente do gênero, sendo também a regra de que em caso de rompimento do vínculo marital a guarda será, em regra, compartilhada.

Ademais, havia uma concepção familiar centrada tão somente na ideia de uma família ou composta por dois genitores de gênero diferentes ou por um único genitor, a chamada família monoparental.

Abandou-se a ideia de família monoparental para a ideia das novas configurações das famílias brasileiras, nuclear, plural, recombinante e atualmente o novo modelo familiar vem sendo chamado, por alguns especialistas em sociologia, de "democrático". Modelo no qual não comporta mais uma definição rígida acerca do conceito de família, em que imperava a ideia do pátrio poder, entendido este como direitos absolutos do pai em face da criação e educação dos filhos.

Esse modelo "democrático" rechaça qualquer ideia de preconceito, desigualdade e homogeneidade no que tange a concepção de família. As transformações familiares foram incorporadas à Constituição Federal de 1988, em que a família passa a ser protegida como instituição pelo papel privilegiado que exerce de promoção crescimento humano, integração solidário-afetiva.

Desta forma, a liberdade nas escolhas individuais deve ser respeitada, tendo por parâmetro as regras, que devem ser gerais, a determinar os procedimentos de formação, dissolução do casamento deveres parentais, solidarismo familiar.

As relações afetivas devem ser protegidas pelo direito como âmbito da liberdade individual, pautada na igualdade, na autonomia individual para exercer suas escolhas.[25]

---

[25] BODIN DE MORAES Maria Celina. *A Família Democrática*. Disponível em: http://www.ibdfam.org.br/_img/congressos/anais/31.pdf <acesso em: 07 de out. de 2016>

Capítulo 3- A família eudemonista e o afeto como princípio basilar do direito das famílias

Em texto sobre as funções e transformações da família ao longo da história, a psicóloga Marlene Aparecida Simionato e a enfermeira Raquel G. Oliveira informam a possibilidade de se detectarem diferentes concepções de família.

Retiram, no entanto, como ponto em comum o fato de que a união entre os membros de uma família, com ou sem laços consanguíneos, se manifesta através da intimidade, do respeito mútuo, da amizade, da troca e do enriquecimento conjunto[26]

Para as autoras:

> Atualmente as famílias se distinguem pela ênfase que dão ao processo de individualização. O elemento central não é mais o grupo reunido, mas os membros que a compõem. A família se transforma em um espaço privado a serviço dos indivíduos. Razão porque a família é designada [...] como "relacional e individualista"[27]

Em semelhante reflexão sobre a família atual, Singly, ao se referir à sociedade francesa, elenca duas modalidades de famílias modernas:

---

[26] **Funções e Transformações da Família ao longo da História.** *Cit*, nota 15, p.58
[27] *Id,* p.60.

> A 'família moderna 1', do período que vai do início do século XX até os anos sessenta – caracteriza-se sobretudo pela construção de uma lógica de grupo, centrada no amor e na afeição. (...) 'A família moderna 2' se distingue da precedente pelo peso maior dado ao processo de individualização. A família se transforma em espaço privado a serviço dos indivíduos.[28]

a autora Maria Celina Bodin de Moraes:

> Crise houve, mas não investiu contra a família em si; seu alvo foi o modelo familiar único, absoluto e totalizante, representado pelo casamento indissolúvel, no qual o marido era o chefe da sociedade conjugal e o do pátrio poder.[29]

As transformações por que passou a sociedade no decorrer do século XX trouxeram reflexões que promoveram substanciais alterações na valoração dos institutos jurídicos, de forma que as Constituições contemporâneas incorporaram esses valores, a exigir-se uma nova interpretação e aplicação da normativa infraconstitucional, tendo-se por paradigma a proteçãoda dignidade da pessoa humana.

Atualmente a liberdade no âmbito da família, conteúdo basilar para a promoção da dignidade da pessoa humana, necessariamente, deve ser compreendida como espaço de atuação individual, a ser respeitado, privilegiando-se, desta forma, a liberdade de "ser" na família.

---

[28] MACHADO, Lia Zanota. **Famílias e Individualismo: Tendências Contemporâneas no Brasil.** *Cit*,nota 17, p. 7
[29] BODIN DE MORAES. Maria Celina. A Família Democrática, p. 2. Disponível em:< http://www.ibdfam. org.br/_img/congressos/anais/31.pdf > acesso em: 07 de out. de 2016.

Em recorte histórico, tem-se que o espaço de liberdade verificado na família atual é bem diferente daquele modelo previsto na família patriarcal. A liberdade e igualdade são elevadas, pela Constituição Federal de 1988, como princípios intrínsecos à relação familiar.

A liberdade torna-se isonômica entre os componentes da família, e é identificada como a possibilidade de exercer escolhas individuais, como espaço de realização pessoal. A liberdade é pressuposto inarredável para a construção da identidade pessoal, e é condição essencial à igual dignidade familiar.

A liberdade é compreendida como autonomia na realização das escolhas individuais. A liberdade e a igualdade são princípios essenciais na afirmação dos chamados Direitos Individuais, as quais, atualmente, ponderadas com valores sociais (análise da perspectiva do homem em relação ao seu semelhante), são princípios imanentes à promoção e proteção da igualdignidade social.

As transformações familiares foram incorporadas à Constituição Federal de 1988, em que a família passa a ser protegida[30] como instituição pelo papel privilegiado que exerce de promoção crescimento humano, integração solidário-afetiva.

---

[30] Art. 226. A família, base da sociedade, tem especial proteção do Estado.

Desta forma, a liberdade nas escolhas individuais deve ser respeitada, tendo por parâmetro as regras, que devem ser gerais, a determinar os procedimentos de formação, dissolução do casamento, deveres parentais, solidarismo familiar.

As relações afetivas devem ser protegidas pelo Direito como âmbito da liberdade individual, pautada na igualdade, na autonomia individual para exercer suas escolhas.

Deve o Direito contribuir para que se realizem as necessárias transformações na família, ainda que, devido às diferenças sociais, culturais, entre os segmentos da sociedade, se perceba um desnivelamento na constatação e vivência das mudanças.

Seguindo essa dinâmica e as mudanças sociais advindas dela, doutrina e jurisprudência pátrias passaram a acolher novos modelos familiares. E nesse cenário surgiu a multiparentalidade. O novo modelo familiar vem sendo chamado, por alguns especialistas em sociologia, de "democrático".

Modelo no qual não comporta mais uma definição rígida acerca do conceito de Família, em que imperava a ideia do pátrio poder, entendido este como direitos absolutos do pai em face da criação e educação dos filhos.

Esse modelo "democrático" rechaça qualquer ideia de preconceito, desigualdade e homogeneidade no que tange a concepção de Família.

Tal conceito abarca a noção de maior partilha entre homens e mulheres nas responsabilidades familiares.

Ademais, permite que se integre como modelo familiar a família formada por avós e netos, tios e sobrinhos, mães e filhos, pais e filhos, duas mães e filhos, dois pais e filhos, enfim, permite a abrangência de núcleos familiares impensáveis a décadas atrás.

Luiz Edson Fachin afirma que passamos da família transpessoal para a família eudemonista, cujos valores e interesses que tutelam cada membro passa a ter reconhecimento jurídico, numa perspectiva de realização pessoal e afetiva.[6]

Com o advento da nova ordem constitucional, o Direito Civil passou a ser norteado pelos princípios da dignidade da pessoa humana, bem como o princípio do afeto, trazendo a noção de normas existenciais para as relações privadas, fenômeno conhecido como publicização do direito privado.

Dessa forma, todos os dispositivos legais que não estejam em consonância com essas percepções modernas existenciais encontram em dissonância com a Constituição Federal de 1988, a qual é o pilar do ordenamento jurídico brasileiro.

A publicização do Direito Civil ressalta a importância dos Direitos Humanos Fundamentais que passam a ocupar o centro das concepções jurídicas. A dignidade da pessoa humana alcança um novo patamar ético, condicionando até mesmo a interpretação desse ramo.

Portanto, observa-se que um princípio constitucional é capaz de paralisar a incidência de uma norma infraconstitucional, havendo uma releitura constitucional dos direitos infraconstitucionais visando assegurar as garantias fundamentais.

A Constituição Federal trouxe como protagonista do ordenamento os direitos existenciais, ligados ao princípio da dignidade da pessoa humana.

Desse modo, o direito civil não pode mais ser visto meramente com viés patrimonialista, o princípio da afetividade e os direitos existências possuem importante função na interpretação e aplicação das normas do direito Civil.

Apesar de ter sido publicado em 2002, o projeto do Código Civil é do ano de 1975.

Sendo assim, tendo a vigência se dado após a Constituição Federal, não há que falar em recepção do Código Civil, mas suas normas podem e devem sofrer análises de constitucionalidade e inconstitucionalidade para se aferir a compatibilidade delas com o ordenamento jurídico brasileiro.

Prova disso, são as recentes ações de inconstitucionalidade acerca de temas que tocam as relações familiares, bem como a proposta de atualização do Código Civil de 2022 que tramita perante o Congresso Nacional[31].

---

[31] Disponível em: < https://www12.senado.leg.br/noticias/audios/2024/02/comissao-de-juristas-avanca-na-atualizacao-do-codigo-civil>. Acesso em mar. 2024.

Capítulo 4- O casamento homoafetivo e o avanço no reconhecimento da pluralidade e diversidade das entidades familiares

A CRFB/88 ao utilizar-se da expressão família, não limita sua formação a casais heteroafetivos nem a formalidade cartorária, celebração civil ou liturgia religiosa.

Família como instituição privada que, voluntariamente constituída entre pessoas adultas, mantém com o Estado e a sociedade civil relação de instituição, na qual o afeto é o princípio reitor das relações vividas.

Não há nenhuma diferenciação entre qualquer entidade ou núcleo familiar. Fato é que o STF considera como família a entidade formada para uma única pessoa, ou essa pessoa e seus animais.

Inclusive já garantiu a proteção de imóvel como bem de família a unidade familiar unipessoal, o que restou expresso na súmula de n° 364 do STJ.[32]

Há, portanto, igualdade entre casais heteroafetivos e pares homoafetivos que somente ganha plenitude de sentido se desembocar no igual direito subjetivo à formação de uma autonomizada família.

---

[32] Enunciado- O conceito de impenhorabilidade de bem de família abrange também o imóvel pertencente a pessoas solteiras, separadas e viúvas. (SÚMULA 364, CORTE ESPECIAL, julgado em 15/10/2008, DJe 03/11/2008)

O STF em julgamento da ADI de n° 4277 conferiu interpretação não-reducionista do conceito de família como instituição que também se forma por vias distintas do casamento civil. Avanço da Constituição Federal de 1988 no plano dos costumes.

Caminhando assim na direção do pluralismo como categoria sócio-político-cultural, o que passa pela eliminação de preconceito quanto à orientação sexual das pessoas.

Além disso, não há nenhuma menção que o casamento ou união estável devem ser heteronormativos. Dessa forma, na ADI supra o STF permitiu a celebração de casamentos e uniões homoafetivas, posto que seguindo a lógica constitucional de igualdade e isonomia, não haveria nenhum óbice para tal.

Ademais, como já mencionado, o afeto tem se transformado no princípio basilar do ordenamento jurídico brasileiro no que tange a interpretação do Direito Civil e sendo o afeto princípio tão importante é ele também que avaliza e chancela a celebração dos casamentos de pessoas do mesmo gênero.

Que além disso como casais podem entrar na fila de adoção para conjuntamente adotarem crianças e contribuírem para a fraternidade e pluralismo tão típicos de nossa sociedade.

Contudo, não obstante a possibilidade do casamento e uniões estáveis legitimamente reconhecido pelo STF, há um projeto de lei em tramitação que tem o objetivo de impedir essas uniões;

Dessa forma, considerando que o STF é composto por membros indicados pelo Presidente da República e pela história política recente. na qual um presidente exarou que indicaria e indicou um Ministro "terrivelmente evangélico", urge a necessidade de se constar expresso tanto no texto constitucional quanto no Código Civil a possibilidade legítima e democrática do casamento homoafetivo, bem como das uniões estáveis.

Já que se trata de respeito a pluralidade familiar e respeito a dignidade da pessoa humana, já que amor é amor e toda entidade familiar merece proteção e respeito do Estado.

Só respeitando os Direitos Humanos é que caminhamos para a concretização do Estado Democrático de Direito, refundado pela CRFB/88.

Capítulo 5- Uma leitura Constitucional do art.1641, II, do CÓDIGO CÍVIL DE 2002.

Houve uma mudança significativa entre o Código Civil revogado e o novo Código, principalmente no que tange ao tratamento dado ao companheiro, uma vez que a própria Constituição Federal prevê igualdade entre cônjuge e companheiro e seguindo a lógica do direito civil constitucional o legislador, buscou refletir esse fenômeno no novo Código.

O artigo 1641, II do Código Civil de 2022, o qual prevê a imposição do regime da separação obrigatória de bens para os maiores de 70 anos.

Para se analisar a compatibilidade desse dispositivo será feita uma análise a luz da teoria do direito formulada por Ronald Dworkin, precisamente a teoria dworkiniana do direito como integridade.

Para Dworkin "o direito nada mais é que aquilo que as instituições, como as legislaturas, as câmaras municipais e os tribunais decidiram no passado.

Dessa forma, as questões relativas ao direito podem ser respondidas com base na análise dos arquivos de registro das decisões institucionais.

Dworkin sustenta que há dois princípios de integridade política, um legislativo, que pede aos legisladores que tentem tornar moralmente coerente o conjunto de leis, e um jurisdicional que demanda que a lei seja vista como coerente nesse sentido.[33]

---

[33] DWORKIN, Ronald. *O império do direito*. 3. ed. São Paulo: Martins Fontes, 2014.

Direito como integridade pressupõe as proposições jurídicas como verdadeiras se derivam dos princípios de equidade, justiça e devido processo legal que oferecem melhor interpretação construtiva da prática jurídica da comunidade[34].

Dworkin compara a cadeia do direito com um projeto em que um grupo de romancistas escreve um romance em série, cada um deve criar o seu capítulo a modo de criar da melhor maneira possível um romance em elaboração, a complexidade dessa tarefa reproduz a complexidade de decidir um caso concreto de direito como integridade[35]. Dworkin apresenta o que o direito como integridade espera dos juízes:

> o direito como integridade pede que os juízes admitam na medida do possível, que o direito é um conjunto coerente de princípios sobre a justiça, a equidade e o devido processo legal adjetivo, e pede-lhes que os apliquem nos novos casos que se lhes apresentem, de tal modo que a situação de cada pessoa seja justa e equitativa segundo as mesmas normas.[36]

5.1-Liberdade de escolha como efetivação do princípio da dignidade da pessoa humana

---
p. 10.
[34] Ibid. p. 272.
[35] DWORKIN, Ronald. *O império do direito*. 3. ed. São Paulo: Martins Fontes, 2014. p. 276.
[36] Ibid. p.291.

Atualmente a liberdade no âmbito da família, conteúdo basilar para a promoção da dignidade da pessoa humana, necessariamente, deve ser compreendida como espaço de atuação individual, a ser respeitado, privilegiando-se, desta forma, a liberdade de "ser" na família.

Em recorte histórico, tem-se que o espaço de liberdade verificado na família atual é bem diferente daquele modelo previsto na família patriarcal. A liberdade e igualdade são elevadas, pela Constituição Federal de 1988, como princípios intrínsecos à relação familiar.

A liberdade torna-se isonômica entre os componentes da família, e é identificada como a possibilidade de exercer escolhas individuais como espaço de realização pessoal. A liberdade é pressuposto inarredável para a construção da identidade pessoal e é condição essencial à igual dignidade familiar.

A liberdade é compreendida como autonomia na realização das escolhas individuais. A liberdade e a igualdade são princípios essenciais na afirmação dos chamados direitos individuais, as quais, atualmente, ponderadas com valores sociais (análise da perspectiva do homem em relação ao seu semelhante), são princípios imanentes à promoção e proteção da igualdignidade social.

As relações afetivas devem ser protegidas pelo Direito como âmbito da liberdade individual, pautada na igualdade, na autonomia individual para exercer suas escolhas.

Deve o Direito contribuir para que se realizem as necessárias transformações na família, ainda que, devido às diferenças sociais, culturais, entre os segmentos da sociedade, se perceba um desnivelamento na constatação e vivência das mudanças.

O Direito sobretudo é uma Ciência Social aplicada e por esse motivo deve estar atento as mudanças sociais, bem como as mudanças relacionadas a longevidade e autonomia e autodeterminação.

Como o CC/02 entrou em vigência após a CRFB/88 não houve necessidade de recepção do novo Código Civil.

Contudo, conforme explanado anteriormente, o projeto no qual culminou com a aprovação do CC/02 data do ano de 1975. E ocorreram diversas mudanças na sociedade, principalmente acerca da concepção do conceito de família e na concepção do companheiro para a sociedade e o ordenamento jurídico.

Bem como na concepção de um direito civil patrimonialista, derrogado pela noção de um Direito Civil existencial no qual preza as relações de afeto e a autonomia da pessoa, que deve ter liberdade em suas escolhas.

O STF provocado a fazer controle de constitucionalidade referente a temática da sucessão de cônjuges e companheiros nos Res nº 878.694 e 646.721251[37],

---

[37] BRASIL. Supremo Tribunal Federal. Repercusão geral no Recurso Extraordinário 878.694 Minas Gerais. Disponível em: <http://portal.stf.jus.br/processos/downloadPeca.asp?id=306841295&ext=.pdf>. Acesso em: 24 mai 2019 BRASIL. Supremo Tribunal

acerca da (in)constitucionalidade do disposto no art. 1790 do CC/02252 a fim de seguir a regra estabelecida pelo legislador constitucional e dar a ele interpretação conforme a sistemática do ordenamento jurídico brasileiro. se posicionou da seguinte maneira:

"A proibição da escolha de regime de bens para os maiores de 70 anos entra em contraste com os princípios da igualdade, da dignidade humana, da proporcionalidade como vedação à proteção deficiente e da vedação do retrocesso."

Insta Salientar que a proibição de escolha de regime de bens aos maiores de 70 anos advém de uma visão unicamente patrimonialista do Direito Civil.

Carlos Santiago Nino define a autonomia como a faculdade dos indivíduos de elegerem planos de vida para si mesmos e de poderem perseguir esses planos. Para que a concretização desse plano seja viável, é preciso que o Estado se abstenha de interferir nas escolhas de planos e objetivos de vida que priorizam situações que dizem respeito a escolhas individuais[38].

Federal. Recurso Extraordinário 646.721 Rio Grande do Sul. Disponível em: <http://redir.stf.jus.br/paginadorpub/paginador.jsp?docTP=TP&docID=13579050>. Acesso em: 24 mai 2019.
[38] SÊCO, Thais; SAMPAIO, Kelly Cristine Baião. A autonomia entre público e o privado. No prelo. apud Carlos Santiago Nino.

Dessa forma, quando se busca por meio da autonomia garantir a dignidade da pessoa humana, consubstanciada no direito fundamental da personalidade, um direito existencial, não há afronta aos bens jurídicos amparados pelo Estado, assim, desnecessária se faz a tutela estatal, uma vez que patrimônio é um direito disponível e sofre irradiações do princípio da autonomia da vontade.

A prova de que o afeto e a dignidade humana tem sido o guia para o direito civil, é o fato de que o STF está se debruçando sobre as ramificações do afeto na questão patrimonial, uma vez que no Recurso Extraordinário com Agravo (ARE 1309642), que teve a repercussão geral reconhecida pelo plenário (Tema 1236) se analisa a inconstitucionalidade do art. 1.641, II[39] do CC/02 que prevê a obrigatoriedade do regime da separação de bens aos maiores de 70.

Esse fato denota que a noção patrimonialista da família deve sucumbir ao afeto e a liberdade de escolha.

Sendo assim, o ordenamento jurídico brasileiro caminha na direção de deixar de lado a noção patrimonialista e se guiar pelo afeto, lido aqui como mais que um sentimento que permeia a relação familiar, mas verdadeiro princípio que deve ser levado em conta em todas as decisões oriundas das relações familiares.

---

[39] Art. 1.641. É obrigatório o regime da separação de bens no casamento:
II – da pessoa maior de 70 (setenta) anos; (Redação dada pela Lei nº 12.344, de 2010)

Presumir que a pessoa maior de 70 anos é incapaz de discernir acerca da melhor destinação do seu patrimônio não respeita a autonomia da vontade.

O caminho natural para o julgamento do recuso extraordinário deve ter o mesmo desfecho dos Res, qual seja, a inconstitucionalidade da obrigatoriedade dos maiores de 70 anos se casarem em regime de separação legal de bens.

Seja porque já há um parâmetro decisório estabelecido nos Recursos Extraordinários, o STF decidiu em conformidade com a teoria de direito como integridade e seguir padrões e normas já estabelecidas pelo legislador sem inovar na ordem jurídica, apenas aplicando ao caso concreto as regras já estabelecidas, privilegiando assim a segurança jurídica e a isonomia na resolução dos casos concretos futuros.

Bem como, o fato de que caminhamos no ordenamento jurídico brasileiro para ter como norte das relações familiares o afeto, deixando de lado a visão patrimonialista do direito civil, bem como garantindo autonomia de escolha as pessoas.

Limitar a escolha por um critério puramente etário desvirtua os princípios constitucionais que regem o ordenamento jurídico brasileiro.

O patrimônio é disponível e estando qualquer pessoa em sua plena capacidade civil, ela pode e deve escolher a destinação de seu patrimônio, seja para fins de escolha de regime de bens, seja para fins de doação desse patrimônio, que não deixa de ter assegurada a garantia do mínimo existencial, já que na meação a parte terá no máximo direito a 50% do patrimônio, o que garante a subsistência do indivíduo e a proteção da sua dignidade humana.

5.2 Como a questão deveria ser resolvida e como o STF resolveu o tema.

Considerando que a imposição do regime de separação obrigatória de bens para os maiores de 70 anos advém de uma ideia de proteção patrimonial, ideia essa arrigada no ordenamento jurídico antes da promulgação da Constituição Federal de 1988 e que ao longo da vigência da Constituição foi sendo mitigada em favor dos direitos existenciais.

Provocado a decidir sobre casos semelhantes o STF já entendeu pela possibilidade do instituto da multiparentalidade, conforme restou exarado no RE de n° 898060/2016: "A paternidade socioafetiva, declarada ou não em registro público, não impede o reconhecimento do vínculo de filiação concomitante baseado na origem biológica, com os efeitos jurídicos próprios".

Bem como sobre a inconstitucionalidade da diferenciação ao tratamento dado aos companheiros e cônjuges na sucessão, pois havia no CC/02 dispositivos que disciplinavam tratamento diferente ao companheiro -art. 1790 do CC/02-, do conferido ao cônjuge no art. 1829 do CC/02, por exemplo, havia legislada a sucessão do cônjuge no art. 1829 do CC/02 e no art. 1790 do CC/02 havia legislada a sucessão do companheiro, isso acabava por gerar tratamento desigual a figuras que a CRFB/88, figura máxima do ordenamento jurídico, previu tratamentos igualitários.

Dessa maneira, o STF foi provocado nos REs nº 878.694 e 646.721251, acerca da (in)constitucionalidade do disposto no art. 1790 do CC/02252 a fim de seguir a regra estabelecida pelo legislador constitucional e dar a ele interpretação conforme a sistemática do ordenamento jurídico brasileiro. O STF ao julgar os REs se posicionou da seguinte maneira:

> Não é legítimo desequiparar, para fins sucessórios, os cônjuges e os companheiros, isto é, a família formada pelo casamento e a formada por união estável. Tal hierarquização entre entidades familiares é incompatível com a Constituição de 1988. Assim sendo, o art. 1790 do Código Civil, ao revogar as Leis nº 8.971/1994 e nº 9.278/1996 e discriminar a companheira (ou o companheiro), dando-lhe direitos sucessórios bem inferiores aos conferidos à esposa (ou ao marido), entra em contraste com os princípios da igualdade, da dignidade humana, da proporcionalidade como vedação à proteção deficiente e da vedação do retrocesso.[40]

O Ministro Barroso, relator, firmou a seguinte tese acerca do tema: "No sistema constitucional vigente, é

---
[40] BRASIL. op cit, nota 27.

inconstitucional a distinção de regimes sucessórios entre cônjuges e companheiros, devendo ser aplicado em ambos os casos o regime estabelecido no artigo 1.829 do CC/02."

O STF balizou sua decisão na sistemática do ordenamento jurídico brasileiro, buscou as regras e princípios positivados na CRFB/88 e decidiu pela inconstitucionalidade do art. 1790, pois ele estava em dissonância com o princípio da igualdade ao conferir tratamento diferente ao companheiro na sucessão.

O que o STF fez foi aplicar a teoria dworkiniana de direito como integridade para resolver o caso concreto. A Corte buscou as regras e os parâmetros decisórios existentes e deu interpretação conforme a Constituição a norma infraconstitucional.

Desse modo, já há casos concretos semelhantes para julgar a compatibilidade do 1641, II do CC/02, e seguindo a lógica Dworkiniana de direito como integridade e romance em cadeia, o artigo 1641, II, do CC/02 deve ser declarado inconstitucional, uma vez que ele está em dissonância com a Constituição Federal.

Não há razão para se estabelecer essa proteção ao patrimônio do maior de 70 anos, aludida norma colide com o princípio da dupla face da proporcionalidade, já que oferece proteção exacerbada a direitos que não necessitam dela, posto que o patrimônio além de ser disponível, recebe proteção do mínimo existencial, uma vez que uma pessoa só pode dispor de metade do seu patrimônio de forma voluntária, o que garante a dignidade da pessoa humana.

É de salientar que aludida proteção patrimonial é eficaz para que a pessoa tenha sua subsistência garantida, não devendo o Estado proibir a pessoa de escolher com qual regime de bens pretende se casar. Sendo a pessoa plenamente capaz sua escolha deve ser livre baseada na autonomia da vontade.

O STF deveria reconhecer a inconstitucionalidade do artigo 1641, II do CC/02 quando do julgamento do Recurso Extraordinário com Agravo (ARE 1309642).

Porém, a tese de repercussão geral fixada para Tema 1.236 da repercussão geral, é a seguinte:

"Nos casamentos e uniões estáveis envolvendo pessoa maior de 70 anos, o regime de separação de bens previsto no artigo 1.641, II, do Código Civil, pode ser afastado por expressa manifestação de vontade das partes mediante escritura pública".

Embora não tenha reconhecido a inconstitucionalidade da imposição do regime de separação obrigatória para os maiores de 70 anos, o STF abriu possibilidade para que a norma seja afastada. Um avanço na concretização do respeito a autonomia da vontade.

Capítulo 6- O companheiro equiparado ao cônjuge para fins sucessórios

Ainda que o Código Civil de 2002 não tenha observado todas as regras e os preceitos constitucionais inaugurados pela CRFB/1988, cabe a jurisprudência dos Tribunais e principalmente ao Supremo, pois esse ostenta papel de guardião da Constituição, dar interpretação conforme a Constituição as normas de direito civil.

E, seguindo a lógica dworkiniana de direito como integridade, o ordenamento nada mais faz do que seguir as regras e parâmetros estabelecidos pela Constituição, configurando verdadeiro exercício de jurisdição balizado nas regras de julgamento previamente estabelecidas pelo legislador.

Como dito anteriormente, o Código Civil de 2002 trouxe profundas mudanças nas relações patrimoniais, inspirado pela Constituição que assegura a igualdade, o Código Civil foi inspirado pelos princípios constitucionais e as regras trazidas pela Constituição Federal de 1988 irradiou para o Código Civil de 2002 e, nessa toada, o Código Civil mudou

Como o CC/02 foi promulgado após a CRFB/88 não houve necessidade de recepção do novo Código Civil, contudo, como explanado anteriormente o projeto no qual culminou com a aprovação do CC/02 data do ano de 1975, e ocorreram diversas mudanças na sociedade, principalmente acerca da concepção do conceito de família e na concepção do companheiro para a sociedade e o ordenamento jurídico.

Desse modo, havia no CC/02 dispositivos que disciplinavam tratamento diferente ao companheiro -art. 1790 do CC/02-, do conferido ao cônjuge no art. 1829 do CC/02, por exemplo, havia legislada a sucessão do cônjuge no art. 1829 do CC/02 e no art. 1790 do CC/02 havia legislada a sucessão do companheiro, isso acabava por gerar tratamento desigual a figuras que a CRFB/88, figura máxima do ordenamento jurídico, previu tratamentos igualitários.

Dessa maneira, o STF foi provocado nos REs nº 878.694 e 646.721[41], acerca da (in)constitucionalidade do disposto no art. 1790 do CC/02[42] a fim de seguir a regra estabelecida pelo legislador constitucional e dar a ele interpretação conforme a sistemática do ordenamento jurídico brasileiro.

O STF ao julgar os REs se posicionou da seguinte maneira:

> Não é legítimo desequiparar, para fins sucessórios, os cônjuges e os companheiros, isto é, a família formada pelo casamento e a formada por união estável. Tal hierarquização entre entidades familiares é incompatível com a Constituição de 1988. Assim sendo, o art. 1790 do Código Civil, ao revogar as Leis nº 8.971/1994 e nº 9.278/1996 e discriminar a companheira (ou

---

[41] BRASIL. op. cit., nota
[42] BBRASIL. op. cit., nota .

> o companheiro), dando-lhe direitos sucessórios bem inferiores aos conferidos à esposa (ou ao marido), entra em contraste com os princípios da igualdade, da dignidade humana, da proporcionalidade como vedação à proteção deficiente e da vedação do retrocesso.[43]

O Ministro Barroso, relator, firmou a seguinte tese acerca do tema: "No sistema constitucional vigente, é inconstitucional a distinção de regimes sucessórios entre cônjuges e companheiros, devendo ser aplicado em ambos os casos o regime estabelecido no artigo 1.829 do CC/02".[44]

O STF balizou sua decisão na sistemática do ordenamento jurídico brasileiro, buscou as regras e princípios positivados na CRFB/88 e decidiu pela inconstitucionalidade do art. 1790, pois ele estava em dissonância com o princípio da igualdade ao conferir tratamento diferente ao companheiro na sucessão.

O que o STF fez foi aplicar a teoria dworkiniana de direito como integridade para resolver o caso concreto. A Corte buscou as regras e os parâmetros decisórios existentes e deu interpretação conforme a Constituição a norma infraconstitucional.

---

[43] BRASIL. op. cit., nota
[44] Ibid.

Por esse motivo a decisão não tem a característica do ativismo judicial, já que o ativismo é o Judiciário legislar e inovar na ordem jurídica ao estabelecer regra não existente em nenhuma fonte.

Como a Constituição é o diploma mais importante do ordenamento jurídico brasileiro o STF buscou nela os fundamentos já positivados pelo legislador para dirimir controvérsia apreciada pela Corte.

É de se observar que à luz da Súmula Vinculante n° 10[45] a decisão se deu por maioria dos membros do STF[46] e para afastar a incidência da regra prevista no artigo 1.790 do CC/02[47], atacada nos RES em tela, a declarou inconstitucional.

Sendo assim, o STF decidiu o caso concreto com base nas regras já estabelecidas, e apenas deu juízo de compatibilidade a legislação infraconstitucional conforme a Constituição, uma vez que a legislação infraconstitucional deve guardar compatibilidade com os princípios constitucionais e no caso concreto a norma infraconstitucional se mostrou inconstitucional.

---

[45] BRASIL. op. cit., nota .
[46] O julgamento ficou pelo placar de 8 votos a 2 pela inconstitucionalidade da diferenciação feita pelo art.1790 do CC entre o tratamento dado ao companheiro e ao cônjuge na sucessão hereditária. TARTUCE, Flávio. *STF encerra o julgamento sobre a inconstitucionalidade do art. 1.790 do Código Civil. E agora?* Disponível em: <https://flavio tartuce.jusbrasil.com.br/artigos/465526986/stf-encerra-o-julgamento-sobre-a-inconstitucionalidade-do-art-1790-do- código-civil-e-agora>. Acesso em: 31 out 2019.
[47] BRASIL. op. cit., nota.

Sob a égide do Código Civil de 1916, a união não matrimonial era denominada de "concubinato", expressão que carregava em sua etimologia carga pejorativa. Havia dois tipos de concubinato, o puro, decorrente da relação entre pessoas que não tinham impedimentos legais para o casamento e o impuro, designado para pessoas que possuíam impedimentos legais para o casamento.

Com o advento da CRFB/88, a ideia de família foi acertadamente ampliada, já que o direito deve tutelar as relações sociais existentes e a elas dar proteção, o concubinato puro passou a ser admitido como núcleo familiar, sendo etimologicamente nomeado de união estável e regulado pelo art. 226, § 3° da CRFB/88[48].

Em seu art. 226, §3°[49] a CRFB/88 prevê que a será facilitada a conversão da união estável em casamento, contudo, isso não quer dizer que há uma hierarquia entre união estável e casamento capaz de operar uma diferenciação entre os dois institutos.

Como preleciona Alexandre Câmara[50] em seu artigo "União estável hetero ou homoafetiva: relação matrimonial sem casamento".

---

[48] BRASIL. op. cit., nota 46.
[49] Ibid. art. 226 A família, base da sociedade, tem especial proteção do Estado. (...) § 3° Para efeito da proteção do Estado, é reconhecida a união estável entre o homem e a mulher como entidade familiar, devendo a lei facilitar sua conversão em casamento. (Regulamento) (...).
[50] CÂMARA, Alexandre Freitas. União Estável" hetero ou homoafetiva: relação matrimonial sem casamento. *Revista trimestral de direito civil*. V.50 (abril/junho 2012) – Rio de Janeiro: Padma, 2000.

Câmara começa seu artigo asseverando que sua visão acerca do que se convencionou chamar de "união estável" é diferente da que usualmente se encontra tanto em doutrina quanto em jurisprudência.[51] Câmara observa que em sede doutrinária "se tem feito a afirmação de que a palavra 'casamento' tanto pode designar um ato quanto uma relação."[52]

Câmara pondera que o "ato solene praticado perante uma autoridade oficiante competente destinado a inaugurar uma relação familiar"[53] não pode ser confundido "com a própria relação jurídica que se estabelece entre um homem e uma mulher[54]".

Contudo, normalmente ambos são chamados de casamento ou matrimônio. Por esse motivo, argumenta que é possível estabelecer uma distinção entre esses dois fenômenos, dada a riqueza da língua portuguesa, e dessa forma, o ato solene pode ser nomeado como casamento e a relação jurídica pode receber a nomenclatura de matrimônio.[55]

---

[51] Ibid. p. 257.
[52] Ibid. p. 258.
[53] Ibid.
[54] Apesar de citar a união entre homem e mulher, o autor defende no aludido artigo a união entre pessoas do mesmo sexo sob os argumentos de proteção aos direitos a igualdade e a liberdade.
[55] CÂMARA, Alexandre Freitas. União Estável" hetero ou homoafetiva: relação matrimonial sem casamento. *Revista trimestral de direito civil*. V.50 (abril/junho 2012) – Rio de Janeiro: Padma, 2000

Câmara sustenta que a partir do modelo de família inaugurado pela CRFB/88 não há razão para estabelecer distinção entre matrimônios iniciados com ou sem casamento.[56] Para ele há diferenças entre casamento e união estável, afirmando que "tendo sido celebrado o casamento, não haverá jamais dúvida sobre o termo inicial da relação matrimonial".[57] Também não haverá dúvida acerca da constituição da relação jurídica, asseverando que o casamento tem uma "importantíssima função probatória."[58]

Por Câmara estabelecida a existência da relação familiar- denominada de matrimônio pelo autor-, os efeitos são os mesmos, não importando se a relação tenha sido inaugurada solenemente pelo casamento ou não.[59]

Isso tem como resultado "a total equiparação entre cônjuges- sujeitos do matrimônio inaugurado pelo casamento- e companheiros- sujeitos do matrimônio inaugurados sem o casamento."[60]

---

[56] Ibid. p. 259.
[57] Ibid.
[58] CÂMARA, Alexandre Freitas. União Estável" hetero ou homoafetiva: relação matrimonial sem casamento. *Revista trimestral de direito civil*. V.50 (abril/junho 2012) – Rio de Janeiro: Padma, 2000.
[59] Ibid.
[60] Ibid.

Para Câmara o comando constitucional que impõe o dever de facilitar a conversão da união estável em casamento destina-se "a impor ao legislador o dever de editar lei que facilite, para os companheiros, a celebração do casamento" como, por exemplo, dispensá-los do processo de habilitação para o ato solene do casamento.

Tal comando, de acordo com o autor, foi cumprido pelo art. 1726 do CC/02.[61]

O autor aponta duas consequências da equiparação entre matrimônio com casamento e matrimônio sem casamento, quais sejam: a aplicação da regulamentação dos efeitos do matrimônio a união estável, sem a necessidade de diplomas normativos para discipliná-la e a "inconstitucionalidade de qualquer dispositivo legal que estabeleça distinção de tratamento entre cônjuges e companheiros".

Ilustrando que como corolário dessa consequência o art. 1790 do CC/02 é inconstitucional, uma vez que estabelece "vocação hereditária dos companheiros, impondo-lhes tratamento diferente do estabelecido para os cônjuges". [62]

---

[61] CÂMARA, Alexandre Freitas. União Estável" hetero ou homoafetiva: relação matrimonial sem casamento. *Revista trimestral de direito civil*. V.50 (abril/junho 2012) – Rio de Janeiro: Padma, 2000. p. 260.
[62] Ibid.

Com as regulamentações estabelecidas pela CRFB/88[63] a figura do companheiro passou a ser incorporada e regulamentada no ordenamento brasileiro e a legislação infraconstitucional passou a conferir o mesmo tratamento dispensado ao cônjuge.

A lei do inquilinato - Lei n° 8245/91[64]-, conferiu tratamento idêntico a cônjuge e companheiro em sua redação, tal lei foi promulgada após o advento da CRFB/88[65] e seguiu o princípio constitucional da igualdade a não fazer diferenciações inconstitucionais entre cônjuge e companheiro. Nesse sentido os arts. 11 e 12 da lei do inquilinato:

> Art. 11. Morrendo o locatário, ficarão sub-rogados nos seus direitos e obrigações:
> I - nas locações com finalidade residencial, o cônjuge sobrevivente ou o companheiro e, sucessivamente, os herdeiros necessários e as pessoas que viviam na dependência econômica do *de cujus*, desde que residentes no imóvel;
> II - nas locações com finalidade não residencial, o espólio e, se for o caso, seu sucessor no negócio.[66]
> Art. 12. Em casos de separação de fato, separação judicial, divórcio ou dissolução da sociedade concubinária, a locação prosseguirá automaticamente com o cônjuge ou

---

[63] BRASIL op. cit., nota 46.
[64] BRASIL. *Lei n° 8245*. Disponível em: <http://www.planalto.gov.br/ccivil_03/leis/l8245.htm>. Acesso em: 24 mai 2019.

[65] BRASIL op. cit., nota 46.

[66] BRASIL. op. cit., nota 234.

> companheiro que permanecer no imóvel.
>
> Parágrafo único. Nas hipóteses previstas neste artigo, a sub-rogação será comunicada por escrito ao locador, o qual terá o direito de exigir, no prazo de trinta dias, a substituição do fiador ou o oferecimento de qualquer das garantias previstas nesta lei. (Redação original da lei em 1992 quando dá sua entrada em vigor, que já previa a igualdade entre companheiros e cônjuges, seguindo assim o padrão de igualdade estabelecido pela CRFB/88)
>
> Art. 12. Em casos de separação de fato, separação judicial, divórcio ou dissolução da união estável, a locação residencial prosseguirá automaticamente com o cônjuge ou companheiro que permanecer no imóvel. (Redação dada pela Lei nº 12.112, de 2009)[67]

A doutrina também consolidou entendimento de que não há diferenciação entre cônjuge e companheiro. Nesse sentido, os enunciados de nº 97 e 99 da I jornada de Direito Civil da CJF:

Enunciado nº 97: "No que tange à tutela especial da família, as regras do Código Civil que se referem apenas ao cônjuge devem ser estendidas à situação jurídica que envolve o companheiro, como, por exemplo, na hipótese de nomeação de curador dos bens do ausente (art. 25 do Código Civil)".[68]

---

[67] Ibid.
[68] BRASIL. *Enunciado nº 97 CJF*. Disponível em: < https://www.cjf.jus.br/enunciados/enunciado/728>. Acesso em: 24 mai 2019.

> Enunciado nº 99: "O art. 1.565, § 2º, do Código Civil não é norma destinada apenas às pessoas casadas, mas também aos casais que vivem em companheirismo, nos termos do art. 226, caput, §§ 3º e 7º, da Constituição Federal de 1988, e não revogou o disposto na Lei n. 9.263/96."[69]

Seguindo essa tendência o legislador ao incluir o instituto da usucapião familiar[70] no ordenamento jurídico, também inseriu norma no CC/02[71] que confere o mesmo tratamento ao cônjuge e companheiro:

> Art. 1.240-A. Aquele que exercer, por 2 (dois) anos ininterruptamente e sem oposição, posse direta, com exclusividade, sobre imóvel urbano de até 250m² (duzentos e cinquenta metros quadrados) cuja propriedade dívida com ex-cônjuge ou ex-companheiro que abandonou o lar, utilizando-o para sua moradia ou de sua família, adquirir-lhe-á o domínio integral, desde que não seja proprietário de outro imóvel urbano ou rural. (Incluído pela Lei nº 12.424, de 2011)[72]

---

[69]BRASIL. *Enunciado nº 99 CJF*. Disponível em < https://www.cjf.jus.br/enunciados/enunciado/730>. Acesso em: 24 mai 2019.
[70] A usucapião familiar é uma espécie de aquisição da propriedade que foi criada no Brasil pela Lei n° 12.424/2011, ao incluir o artigo 1.240-A no Código Civil.
[71]BRASIL. *Código Civil*. Disponível em: < http://www.planalto.gov.br/ccivil_03/leis/2002/l10406.htm>. Acesso em: 24 mai 2019
[72] Ibid.

Dessa forma, a legislação infraconstitucional seguiu a doutrina dworkiniana de direito como integridade ao legislar com base nos padrões e normas já existentes e expresso pelo legislador no texto constitucional.

Criando assim um sistema legislativo harmônico com base nas regras e normas existentes no ordenamento jurídico e principalmente em homenagem ao princípio da igualdade insculpido no texto constitucional.

Apesar da boa técnica legislativa que conseguiu seguir os parâmetros e normas estabelecidos para disciplinar o direito de cônjuges e companheiros na legislação infraconstitucional, havia situações no Código Civil que causavam essa diferenciação, pelo que já foi debatido anteriormente acerca do projeto do Código Civil ter sido elaborado em 1975, anterior, portanto, a CRFB/88[73].

No direito das sucessões o art. 1829 do CC/02[74] tratava da figura do cônjuge e, dessa forma, criava desigualdade na sucessão de companheiros e cônjuge, vez que o art. 1790 do CC/02[75] conferia tratamento diferenciado para o companheiro. Nesse sentido os artigos *in verbis*:

> Art. 1.829. A sucessão legítima defere-se na ordem seguinte: (Vide Recurso Extraordinário nº 646.721) (Vide Recurso Extraordinário nº 878.694)
>
> I - aos descendentes, em concorrência com o cônjuge sobrevivente, salvo se casado este com

---
[73] BRASIL. op. cit., nota 46.
[74] BRASIL. op. cit., nota 241.
[75] Ibid.

> o falecido no regime da comunhão universal, ou no da separação obrigatória de bens (art. 1.640, parágrafo único); ou se, no regime da comunhão parcial, o autor da herança não houver deixado bens particulares;
> II - aos ascendentes, em concorrência com o cônjuge; III - ao cônjuge sobrevivente;
> IV - aos colaterais.[76]

> Art. 1.790. A companheira ou o companheiro participará da sucessão do outro, quanto aos bens adquiridos onerosamente na vigência da união estável, nas condições seguintes: (Vide Recurso Extraordinário nº 646.721) (Vide Recurso Extraordinário nº 878.694)
>
> I - se concorrer com filhos comuns, terá direito a uma quota equivalente à que por lei for atribuída ao filho;
> II - se concorrer com descendentes só do autor da herança, tocar-lhe-á a metade do que couber a cada um daqueles;
> III - se concorrer com outros parentes sucessíveis, terá direito a um terço da herança;
> IV - não havendo parentes sucessíveis, terá direito à totalidade da herança.[77]

Por esse motivo foram manejados ao STF os Res de nº 878.694 e nº 646.721[78], com a finalidade de a Corte se posicionar acerca dessa diferenciação, visto que a CRFB/88 não estabeleceu aludida diferenciação entre cônjuges e companheiros.

---

[76] Ibid.
[77] Ibid.
[78] BRASIL. op. cit., nota 193.

Muito pelo contrário, a Constituição estabeleceu o princípio da igualdade e dessa forma, os recorrentes alegavam a inconstitucionalidade desse artigo e que deveria ser dada interpretação conforme a CRFB/88 ao art.1829 do CC/02 e onde se lê ao cônjuge sobrevivente no inciso III do aludido artigo, ler-se-ia ao cônjuge ou companheiro, devido à ausência de hierarquia no ordenamento jurídico entre essas duas figuras, uma vez que a CRFB/88 as regulamentou de forma igualitária dando total proteção as diferentes entidades familiares.

Capítulo 7- A possibilidade jurídica da multiparentalidade e seus reflexos nos direitos sucessórios

O Direito das Famílias mais que qualquer outro ramo do nosso ordenamento jurídico reflete as mudanças de nossa sociedade, desse modo, o instituto da multiparentalidade é uma realidade presente nas demandas judiciais.

A Constituição Federal (CRFB/88) e o Código Civil (CC/02) trazem conceitos abertos acerca da parentalidade a tratando como vínculos afetivos, neste sentido, com as novas configurações das famílias brasileiras, nuclear, plural, recombinante, o instituto da multiparentalidade surgiu em nossa sociedade com reflexos no ordenamento jurídico, sendo consagrado em nossa doutrina e jurisprudência.

Segundo o código civil brasileiro (CC/02), em seu artigo 1593, "o parentesco é aquele de origem natural ou civil, ou seja, por conseguinte, resultante de consanguinidade ou outra origem".

Desta feita, o legislador admitiu que em nosso ordenamento o parentesco pudesse advir de outro vínculo que não fosse a consanguinidade, aludido artigo contemplou o entendimento do constituinte que deixou expresso no art. 226, parágrafo 7° da CFRF/88 que o planejamento familiar é de livre disposição do casal. Nesse sentido, o direito passou a regular situações já existentes.

A filiação passou a ser vista como vínculo socioafetivo decorrente das relações interpessoais. Maria Berenice Dias coloca que o atual princípio norteador do direito de família é o princípio da autonomia da afetividade, posto que é atribuído valor jurídico à liberdade de estabelecer relações solidário afetivas. Isso reflete nas inúmeras decisões em que o critério afetivo é colocado em paridade ao critério biológico.

A filiação socioafetiva passa a ser vista como uma realidade fática, norteada pela ideia de que pai não é só aquele quem transmite a carga genética, mas também quem exerce tal função no cotidiano.

Há critérios que são levados em conta para constatar a existência dessa situação, são eles: tempo de convívio familiar, afetividade, comportamentos e vontade de serem genitores, desse modo, imprescindível é o estudo psicossocial cujo escopo é verificar se aquela relação reflete tais características.

Além de o Código Civil e a Constituição Federal reconhecerem à possibilidade jurídica da filiação socioafetiva, a jurisprudência apresenta farta disposição sobre o tema. A exemplo dos enunciados n° 103; 256; 339; 519 das Jornadas de Direito Civil.[79]

A doutrina apresenta três aspectos que devem ser observados para o reconhecimento da posse do estado de filho, são eles:

---

[79] Jornada de Direito Civil. Enunciado 103. Art. 1.593: O Código Civil reconhece, no art. 1.593, outras espécies de parentesco civil além daquele decorrente da adoção, acolhendo, assim, a noção de que há também parentesco civil no vínculo parental proveniente quer das técnicas de reprodução assistida heteróloga relativamente ao pai (ou mãe) que não contribuiu com seu material fecundante, quer da paternidade socioafetiva, fundada na posse do estado de filho.

Jornada de Direito Civil. Enunciado 256. Art. 1.593: A posse do estado de filho (parentalidade socioafetiva) constitui modalidade de parentesco civil.

Jornada de Direito Civil. Enunciado 339. A paternidade socioafetiva, calcada na vontade livre, não pode ser rompida em detrimento do melhor interesse do filho.

Jornada de Direito Civil. Enunciado 519. Art. 1.593: O reconhecimento judicial do vínculo de parentesco em virtude de socioafetividade deve ocorrer a partir da relação entre pai (s) e filho (s), com base na posse do estado de filho, para que produza efeitos pessoais e patrimoniais.

- *Tractatus:* quando é tratado e apresentado como filho;
- *Nominatio:* usa o nome da família e se apresenta assim; e
- *Reputatio:* reconhecido publicamente como filho.

Regulada pelo ordenamento e preenchido os requisitos de nome, posse de estado do filho, os interessados podem ingressar com demanda judicial para o reconhecimento jurídico do vínculo.

Cumpre salientar que para reconhecimento da paternidade socioafetiva é necessário que a relação entre o requerente e o interessado seja pública e notória, que a comunidade na qual estão inseridas as partes os reconheça como pai e filho ou mãe e filho.

Além disso, trata-se de um direito fundamental personalíssimo e de uma disposição de vontade da parte. Mais que o vínculo genético, a paternidade deve refletir a vontade de ser pai/mãe e as obrigações inerentes a esse vínculo e ao direito de pertencer a uma família e de ser reconhecido dentro desse núcleo.

A condição de filho é essencial para o desenvolvimento da identidade do indivíduo, uma vez que este está inserido como tal naquele seio familiar.

O laço afetivo, que une os entes integrantes da família, possui o mesmo valor que o estabelecido pelo ato notarial, em razão do princípio da solidariedade, em decorrência da mudança do foco das relações familiares. Com a promulgação da CFBR/88 os filhos são tratados igualmente, independente da origem do parentesco.

Uma vez reconhecido o vínculo socioafetivo e levado a registro, a multiparentalidade influenciará diretamente no direito das sucessões, já que, conforme nosso Código Civil o descendente, por força do art. 1.789 do CC, é herdeiro necessário e a parte que lhe cabe na herança chama-se legítima.

Nosso ordenamento permite o reconhecimento da multiparentalidade, frequentemente nossos Tribunais são provocados sobre tal temática.

O Supremo Tribunal Federal (STF), reconheceu a responsabilidade e o dever de sustento do pai biológico e do pai afetivo em relação ao filho (RE 898060/2016). Na tese vencedora do julgado o STF decidiu que a existência de paternidade socioafetiva não exime de responsabilidade o pai biológico.

A tese fixada estabeleceu que: "A paternidade socioafetiva, declarada ou não em registro público, não impede o reconhecimento do vínculo de filiação concomitante baseado na origem biológica, com os efeitos jurídicos próprios".

Nessa toada, as relações jurídicas existenciais surtem efeitos patrimoniais, já que restou reconhecido o dever de sustento concomitante entre genitores, dever esse insculpido no art. 229[80] da CRFB/88 e no art. 1696[81] do CC.

Não importando se os genitores são socioafetivos ou biológicos, conforme o RE de n°898060/2016 do STF.

A intervenção do Estado - que se dá por meio do Ministério Público (MP), conforme regra do art.178[82], do Código de Processo Civil (CPC) - deve acontecer apenas quando uma das partes envolvidas não pode ter autonomia sobre seus direitos, caso contrário o Estado estaria intervindo na autonomia da vontade do jurisdicionado.

No direito privado, a autonomia dos particulares deve prevalecer, uma vez que o princípio da autonomia privada é um dos princípios norteadores do direito privado e se tratando de indivíduos capazes e em situação de equivalência não é necessária à intervenção estatal, já que não há nesse caso tutela de direitos indisponíveis.

---

[80] Art. 229. Os pais têm o dever de assistir, criar e educar os filhos menores, e os filhos maiores têm o dever de ajudar e amparar os pais na velhice, carência ou enfermidade

[81] Art. 1.696. O direito à prestação de alimentos é recíproco entre pais e filhos, e extensivo a todos os ascendentes, recaindo a obrigação nos mais próximos em grau, uns em falta de outros.

[82] Art. 178. O Ministério Público será intimado para, no prazo de 30 (trinta) dias, intervir como fiscal da ordem jurídica nas hipóteses previstas em lei ou na Constituição Federal e nos processos que envolvam:
I - interesse público ou social;
II - interesse de incapaz;
III - litígios coletivos pela posse de terra rural ou urbana.
Parágrafo único. A participação da Fazenda Pública não configura, por si só, hipótese de intervenção do Ministério Público.

É de se observar que aludida matéria está tão consolidada no ordenamento jurídico brasileiro que é possível o reconhecimento da multiparentalidade advinda da parentalidade socioafetiva até mesmo extrajudicialmente por meio de cartórios civis.

Em 14 de novembro de 2017, o Provimento de nº 63[83] do Conselho Nacional de Justiça-CNJ- fixou as regras para o reconhecimento da filiação socioafetiva nos cartórios civis, sem a necessidade ações judiciais, estabelecendo que o reconhecimento voluntário poderá ocorrer, nas hipóteses em que o filho seja maior de 12 anos, com o seu consentimento e reconhecimento do pai e da mãe registrais.

7.1- Os direitos sucessórios nos casos de multiparentalidade

Quando a parentalidade socioafetiva foi devidamente reconhecida e levada a registro., não há necessidade de reconhecimento pós mortem, desse modo, o parente socioafetivo terá penas que se habilitar como herdeiro(a) quando da abertura da sucessão.

---

[83] CONSIDERANDO a existência de regulamentação pelas corregedorias-gerais de justiça dos Estados do reconhecimento voluntário de paternidade e maternidade socioafetiva perante os oficiais de registro civil das pessoas naturais; Disponível em:<https://atos.cnj.jus.br/atos/detalhar/2525> acesso em 05 de out. de 2023

O instituto da multiparentalidade passou por três momentos, num primeiro momento as ações eram julgadas improcedentes, sob o fundamento de impossibilidade jurídica do pedido, conforme o julgado acima. Num segundo momento a prevalência da paternidade socioafetiva sobre a biológica, conforme o julgado abaixo:

> INVESTIGAÇÃO DE PATERNIDADE. DESCABIMENTO. FILIAÇÃO SOCIOAFETIVA CONSOLIDADA. 1. Mostra-se flagrantemente descabida a investigação de paternidade com o propósito manifesto, único e exclusivo, de obter herança do pai biológico, quando restou consolidada a relação jurídica de paternidade socioafetiva com o pai registral, com mais de meio século de vigência, sendo que o relacionamento das autoras com o pai registral perdurou desde o nascimento até a data do óbito dele, perdurando por quase três décadas. 2. É inadmissível que as autoras venham vindicar a relação parental, de forma forçada, somente após o óbito do pai biológico, e quando o registral, que era marido de sua mãe, já é falecido e elas, inclusive, já receberam a herança dele. Recurso das autoras desprovido e provido o das rés. (Apelação Cível N° 70052137049, Sétima Câmara Cível, Tribunal de Justiça do RS, Relator: Sérgio Fernando de Vasconcellos Chaves, Julgado em 12/12/2012

E no momento atual em que há igualdade entre as filiações biológicas e socioafetivas, conforme restou exarado no RE de n° 898060/2016 julgado pelo STF: "A paternidade socioafetiva, declarada ou não em registro público, não impede o reconhecimento do vínculo de filiação concomitante baseado na origem biológica, com os efeitos jurídicos próprios".

As linhas sucessórias são estabelecidas de acordo com os genitores. Ou seja, aplica-se tanto aos pais biológicos quanto aos socioafetivos. Se morresse o genitor socioafetivos, o filho seria herdeiro em concorrência com os irmãos, ainda que estes sejam unilaterais.

Assim, como não se deve haver distinção entre os pais biológicos e os pais socioafetivos, é preciso que também não haja distinção entre filhos biológicos e socioafetivos. A própria Constituição Federal veda o tratamento desigual relativo à filiação[7], sendo assim, os filhos biológicos e socioafetivos deverão ter o mesmo tratamento no Direito das Sucessões, ou seja, ambos deverão figurar como herdeiros necessários.

Há em nossa sociedade o entendimento de que é possível possuir pluralidade de genitores, já que os vínculos afetivos transcendem a ideia de uma família nuclear, isso refletiu diretamente no ordenamento jurídico brasileiro possibilitando a criação do instituto da multiparentalidade, porém há uma dificuldade em se reconhecer os efeitos na esfera patrimonial e isso acaba gerando uma tutela do Estado em Direitos meramente patrimoniais.

Deve-se analisar o caso concreto para saber em que medida os Direitos Humanos Fundamentais condicionam as relações privadas, deve haver uma razoabilidade, pois o objetivo não é que o Estado ocupe todos os espaços da vida privada, principalmente quando se trata de direitos disponíveis que se submetem ao princípio da autonomia privada.

O ordenamento jurídico brasileiro reserva certa liberalidade para disposição do patrimônio, o Código Civil reserva uma cota de 50% (cinquenta por cento) do patrimônio para livre disposição[84]essa parte denominada de patrimônio disponível assegura ao indivíduo a faculdade de que dispor de metade de seu patrimônio -art. 1.789 do CC- e que se aplica ao doador por força dos arts. 549 e 2.005, ambos do Código Civil.

Tal dispositivo assegura liberalidade ao particular para dispor livremente de seus bens, consagrando assim, o princípio da autonomia privada.

Os críticos dos efeitos da multiparentalidade no Direito das Sucessões argumentavam que o filho socioafetivo acumularia heranças-dos pais biológicos e socioafetivos-, alegavam que o instituto da multiparentalidade poderia ser corrompido por razões meramente patrimoniais- conforme restou evidenciado no julgado do TJMG, disposto outrora.

---

[84] Art. 1.789. Havendo herdeiros necessários, o testador só poderá dispor da metade da herança.

. Esse fundamento não merece prosperar, pois no ordenamento jurídico é possível que uma pessoa realize diversos casamentos durante a vida- não há impedimentos para uma pessoa viúva contrair novas núpcias- e como cônjuge também figura na condição de herdeiro- art.1829, do CC- esse também teria a possibilidade de acumular heranças, caso ficasse viúvo (a) mais de uma vez.

Além disso, para que a multiparentalidade seja reconhecida é necessário que a relação seja pública e notória, que a comunidade na qual estão inseridas as partes os reconheça como genitor(a) e filho(a).

Referida crítica vai de encontro ao princípio da autonomia privada, princípio esse que norteia as relações privadas. Essa crítica confere ao Estado o poder de decidir acerca da destinação do patrimônio do particular, já que caso haja proibição de "acumulações de herança", o Estado estaria intervindo em uma seara na qual os direitos são, em regra, disponíveis e meramente patrimoniais.

Além disso, haveria uma colisão entre direitos patrimoniais, socioafetivos e existenciais e ao se optar pela tese de que o vínculo socioafetivo não ensejaria direitos sucessórios, estaria se afirmando que as questões patrimoniais são mais importantes que as questões existenciais.

O princípio cardeal do ordenamento jurídico brasileiro é o da dignidade humana, devendo ser ele uma medida de ponderação que oscila entre os dois valores.

No Egrégio Tribunal de Justiça de Santa Catarina-TJSC foi levada a apreciação da 4ª Câmara de Direito Civil do Tribunal de Justiça questão relativa à sucessão derivada do vínculo socioafetivo, com a morte da mãe afetiva, excluída a autora da respectiva sucessão, iniciou-se o litígio, que culminou com a declaração da socioafetividade para todos os fins hereditários já na Comarca de origem.

O desembargador relator Jorge Luiz da Costa Beber, indicou em seu voto que as provas colhidas nos autos indicavam que à autora foi dedicado o mesmo afeto e oportunidades concedidos aos filhos biológicos do casal.

Ambos figuraram, ainda, como pais nos convites para o baile de debutantes e casamento da demandante, que era inequivocamente tratada como membro do núcleo familiar.

Por fim declarou que uma relação afetiva íntima e duradoura, marcada pela constante demonstração pública da relação paterno-materno-filial, merece a respectiva proteção legal, resguardando-se direitos que não podem ser afrontados por conta da cobiça proveniente de disputa hereditária. A decisão foi unânime.

O Tribunal preteriu as motivações patrimoniais em relação à liberdade de escolha da "*de cujus*", já que está exarou, conforme restou comprovado pelas provas nos autos, o desejo e a vontade de ser mãe da autora.

Desse modo, a decisão da 4ª Câmara Cível do TJSC foi guiada pelos princípios constitucionais da afetividade e solidariedade, princípios estes norteadores do Direito de Família, bem como consagrou o princípio da autonomia.

Quando se busca por meio da autonomia garantir a dignidade da pessoa humana, consubstanciada no direito fundamental da personalidade, um direito existencial, não há afronta aos bens jurídicos amparados pelo Estado, assim, desnecessária se faz a tutela estatal, uma vez que patrimônio é um direito disponível e sofre irradiações do princípio da autonomia da vontade.

Por esse motivo, não há óbice para sucessão de diversos genitores, uma vez que acumulação patrimonial não é vedada pelo ordenamento jurídico.

Nesse sentido o Tribunal de Justiça de Goiás:

> APELO. INVESTIGAÇÃO DE PATERNIDADE. COEXISTÊNCIA DE PATERNIDADES SOCIOAFETIVA E BIOLÓGICA. MULTIPARENTALIDADE. PRECEDENTE DO SUPREMO TRIBUNAL FEDERAL COM REPERCUSSÃO GERAL (RE 898.000-SP). SENTENÇA REFORMADA. PROVIMENTO. 1- É possível o ajuizamento de ação de investigação de paternidade, mesmo na hipótese de existência de vínculo socioafetivo, uma vez que o reconhecimento do estado de filiação é direito personalíssimo, indisponível e imprescritível, assentado no princípio da dignidade da pessoa humana, podendo ser exercitado sem nenhuma restrição em face dos pais, não havendo falar que a existência de paternidade socioafetiva tenha o condão de obstar a busca pela verdade biológica da pessoa.

> II- A Suprema Corte assentou o entendimento no sentido de que a existência de paternidade socioafetiva, declarada ou não em registro público, não impede o reconhecimento do vínculo de filiação concomitante com o de origem biológica. III - Reformada a sentença de improcedência. para julgar procedente o pleito inicial e reconhecer a dupla paternidade no registro civil do autor apelante, com todas as consequências patrimoniais e extrapatrimoniais decorrentes. IV-Apelo provido. Tribunal de Justiça do Estado de Goiás-TJGO- Apelação (CPC) XXXXX20178090051 Em segredo de Justiça.

Sendo assim, ao declarar a possibilidade de concomitância de vínculos parentais, o STF possibilitou no ordenamento jurídico a sucessão, uma vez que esse instituto tutela direitos patrimoniais e, sendo o patrimônio direito de natureza privada, ele deve ser gerido na esfera particular dos agentes, havendo até mesmo margem para livre disposição de metade do acervo patrimonial do indivíduo.

O Direito das Sucessões é regido pelo princípio da autonomia da vontade, seja ela presumida, como se dá na sucessão legítima ou expressa, através do testamento.

A sucessão legítima traduz-se nas relações familiares, e suas modificações acompanham as estruturas e funções da família contemporânea. Por se tratar de direito privado, não cabe mais uma hermenêutica centrada em técnica meramente patrimonial, de cálculos precisos, como se dá no fato de irmão unilateral suceder com metade do patrimônio atinente ao irmão bilateral.

A família é dinâmica e diante das recombinações familiares, torna-se comum que o filho de uma união anterior conviva, e seja criado por cônjuge ou companheiro de união posterior, conhecido na linguagem popular como enteado, várias conformações são possíveis.

E, nesse sentido, os laços sanguíneos não podem se sobrepor aos laços afetivos, posto que ser filho é um elo que se perfaz com o tempo, em que se compartilham responsabilidade, afeto.

Sobrepor critérios meramente biológicos ao filho socioafetivo no âmbito sucessório seria, em analogia, como a negação do instituto da adoção.

Seguindo a ideia de um Direito civil-constitucional e analisando os artigos 1.789 e 1790[85] do CC/02, que confere ao filho o direito à herança, o garantindo a condição de herdeiro necessário, bem como o caput do art. 5 e o inciso XXX, ambos da CRFB/88[86], conclui-se que por ser vedada a distinção entre filhos biológicos e não biológicos e ainda, por ser assegurado o direito de herança, a sucessão por vínculo socioafetivo não encontra proibição em nosso ordenamento jurídico.

---

[85] Art. 1.790. A companheira ou o companheiro participará da sucessão do outro, quanto aos bens adquiridos onerosamente na vigência da união estável, nas condições seguintes: (Vide Recurso Extraordinário nº 646.721) (Vide Recurso Extraordinário nº 878.694) I - se concorrer com filhos comuns, terá direito a uma quota equivalente à que por lei for atribuída ao filho; II - se concorrer com descendentes só do autor da herança, tocar-lhe-á a metade do que couber a cada um daqueles;
[86] **Art. 5º** Todos são iguais perante a lei, sem distinção de qualquer natureza, garantindo-se aos brasileiros e aos estrangeiros residentes no

A própria Constituição Federal assegura o direito de herança, sendo assim, o filho socioafetivo tem seu direito garantido pela Carta Magna e qualquer decisão contrária a esse entendimento, vai de encontro com o previsto e assegurado pela Constituição, bem como pelo entendimento jurisprudencial do STF, sendo esse o guardião da Constituição.

Nessa toada, o filho socioafetivo será herdeiro necessário -direito a seu quinhão hereditário- não importa quantas "heranças" o filho socioafetivo terá, pois, direito patrimonial é disponível e havendo paridade entre as partes não se faz necessária a proteção estatal. Uma vez reconhecida a condição de filho, a herança é direito decorrente dessa relação.

Caso haja a morte de um filho que tenha genitores socioafetivos e biológicos a sucessão será regida nos termos do art. 1829 do CC/02, restando para cada genitor a divisão igualitária do quinhão destinado aos ascendentes.

Em caso de morte dos genitores o filho socioafetivo poderá concorrer em quantos forem os quinhões hereditários destinados aos descendentes.

País a inviolabilidade do direito à vida, à liberdade, à igualdade, à segurança e à propriedade, nos termos seguintes:
XXX - é garantido o direito de herança

Com efeito, deve-se verificar o caso concreto e havendo elementos capazes de atestarem o vínculo socioafetivo e, principalmente, em casos que a multiparentalidade seja levada a registro os efeitos sucessórios devem surtir de forma automática, haja vista a previsão legal do direito do filho a herança[87], bem como, a possibilidade da múltipla parentalidade, dentro é claro das noções de razoabilidade e dos elementos fáticos e das particularidades inerentes a cada situação, sempre levando em conta os princípios da boa-fé e da afetividade.

Uma questão meramente patrimonial, não pode se sobrepor a direitos existenciais, nos processos e procedimentos de reconhecimento da filiação socioafetiva a boa-fé é presumida, já que ela é a regra do Código Civil, não podendo presumir que a parentalidade socioafetiva multiparentalidade e sejam sucedâneos para aspirações meramente patrimoniais com o único escopo de se tornar herdeiro(a), dessa forma, cabe ao Estado o papel apenas de fiscalizar a real existência desse vínculo seja seu reconhecimento judicial ao extrajudicial.

---

[87] Art. 1.829. A sucessão legítima defere-se na ordem seguinte: (Vide Recurso Extraordinário nº 646.721)
I - aos descendentes, em concorrência com o cônjuge sobrevivente, salvo se casado este com o falecido no regime da comunhão universal, ou no da separação obrigatória de bens (art. 1.640, parágrafo único); ou se, no regime da comunhão parcial, o autor da herança não houver deixado bens particulares;

A prova de que o afeto e a dignidade humana tem sido o norte para o direito civil, é o fato de que o STF está se debruçando sobre as ramificações do afeto na questão patrimonial, uma vez que no Recurso Extraordinário com Agravo (ARE 1309642), que teve a repercussão geral reconhecida pelo plenário (Tema 1236) se analisa a inconstitucionalidade do art. 1641, II[88] do CC/02 que prevê a obrigatoriedade do regime da separação de bens aos maiores de 70. Esse fato denota que a noção patrimonialista da família deve sucumbir ao afeto.

Sendo assim, o ordenamento jurídico brasileiro caminha na direção de deixar de lado a noção patrimonialista e se guiar pelo afeto, lido aqui como mais que um sentimento que permeia a relação familiar, mas verdadeiro princípio que deve ser levado em conta em todas as decisões oriundas das relações familiares, tal qual o instituto da multiparentalidade.

7.2- A possibilidade da sucessão nos casos de multiparentalidade

O Direito das Sucessões é regido pelo princípio da autonomia da vontade, seja ela presumida, como se dá na sucessão legítima ou expressa, por meio do testamento.

A sucessão legítima traduz-se nas relações familiares, e suas modificações acompanham as estruturas e funções da família contemporânea.

---

[88] Art. 1.641. É obrigatório o regime da separação de bens no casamento: II – da pessoa maior de 70 (setenta) anos; (Redação dada pela Lei nº 12.344, de 2010)

Por se tratar de direito privado, não cabe mais uma hermenêutica centrada em técnica meramente patrimonial, de cálculos precisos, como se dá no fato de irmão unilateral suceder com metade do patrimônio atinente ao irmão bilateral.

A família é dinâmica e diante das recombinações familiares, torna-se comum que o filho de uma união anterior conviva, e seja criado por cônjuge ou companheiro de união posterior, conhecido na linguagem popular como enteado, várias conformações são possíveis, e, nesse sentido, os laços sanguíneos não podem se sobrepor aos laços afetivos, posto que ser filho é um elo que se perfaz com o tempo, em que se compartilham responsabilidade, afeto.

Sobrepor critérios meramente biológicos ao filho socioafetivo no âmbito sucessório seria, em analogia, como a negação do instituto da adoção.

Seguindo a ideia de um Direito civil-constitucional e analisando os artigos 1.789 e 1790[89] do CC/02, que confere ao filho o direito à herança, o garantindo a condição de herdeiro necessário, bem como o caput do art. 5 e o inciso XXX, ambos da CRFB/88[90], conclui-se que por ser vedada a distinção entre filhos biológicos e não biológicos e ainda, por ser assegurado o direito de herança, a sucessão por vínculo socioafetivo não encontra proibição em nosso ordenamento jurídico.

---

[89] Art. 1.790. A companheira ou o companheiro participará da sucessão do outro, quanto aos bens adquiridos onerosamente na vigência da união estável, nas condições seguintes: (Vide Recurso Extraordinário nº 646.721) (Vide Recurso Extraordinário nº 878.694) I - se concorrer com

A própria Constituição Federal assegura o direito de herança, sendo assim, o filho socioafetivo tem seu direito garantido pela Carta Magna e qualquer decisão contrária a esse entendimento, vai de encontro com o previsto e assegurado pela Constituição, bem como pelo entendimento jurisprudencial do STF, sendo esse o guardião da Constituição.

Nessa toada, o filho socioafetivo será herdeiro necessário -direito a seu quinhão hereditário- não importa quantas "heranças" o filho socioafetivo terá, pois, direito patrimonial é disponível e havendo paridade entre as partes não se faz necessária a proteção estatal. Uma vez reconhecida a condição de filho, a herança é direito decorrente dessa relação.

Caso haja a morte de um filho que tenha genitores socioafetivos e biológicos a sucessão será regida nos termos do art. 1829 do CC/02, restando para cada genitor a divisão igualitária do quinhão destinado aos ascendentes.

Em caso de morte dos genitores o filho socioafetivo poderá concorrer em quantos forem os quinhões hereditários destinados aos descendentes.

---

filhos comuns, terá direito a uma quota equivalente à que por lei for atribuída ao filho; II - se concorrer com descendentes só do autor da herança, tocar-lhe-á a metade do que couber a cada um daqueles;

[90] **Art. 5º** Todos são iguais perante a lei, sem distinção de qualquer natureza, garantindo-se aos brasileiros e aos estrangeiros residentes no País a inviolabilidade do direito à vida, à liberdade, à igualdade, à segurança e à propriedade, nos termos seguintes:
XXX - é garantido o direito de herança

Com efeito, deve-se verificar o caso concreto e havendo elementos capazes de atestarem o vínculo socioafetivo e, principalmente, em casos que a multiparentalidade seja levada a registro os efeitos sucessórios devem surtir de forma automática, haja vista a previsão legal do direito do filho a herança[91], bem como, a possibilidade da múltipla parentalidade, dentro é claro das noções de razoabilidade e dos elementos fáticos e das particularidades inerentes a cada situação, sempre levando em conta os princípios da boa-fé e da afetividade.

Uma questão meramente patrimonial, não pode se sobrepor a direitos existenciais, nos processos e procedimentos de reconhecimento da filiação socioafetiva a boa-fé é presumida, já que ela é a regra do Código Civil, não podendo presumir que a parentalidade socioafetiva multiparentalidade e sejam sucedâneos para aspirações meramente patrimoniais com o único escopo de se tornar herdeiro(a), dessa forma, cabe ao Estado o papel apenas de fiscalizar a real existência desse vínculo seja seu reconhecimento judicial ao extrajudicial.

---

[91] Art. 1.829. A sucessão legítima defere-se na ordem seguinte: (Vide Recurso Extraordinário nº 646.721)
I - aos descendentes, em concorrência com o cônjuge sobrevivente, salvo se casado este com o falecido no regime da comunhão universal, ou no da separação obrigatória de bens (art. 1.640, parágrafo único); ou se, no regime da comunhão parcial, o autor da herança não houver deixado bens particulares;

A prova de que o afeto e a dignidade humana tem sido o norte para o direito civil, é o fato de que o STF está se debruçando sobre as ramificações do afeto na questão patrimonial, uma vez que no Recurso Extraordinário com Agravo (ARE 1309642), que teve a repercussão geral reconhecida pelo plenário (Tema 1236) se analisa a inconstitucionalidade do art. 1641, II[92] do CC/02 que prevê a obrigatoriedade do regime da separação de bens aos maiores de 70. Esse fato denota que a noção patrimonialista da família deve sucumbir ao afeto.

Sendo assim, o ordenamento jurídico brasileiro caminha na direção de deixar de lado a noção patrimonialista e se guiar pelo afeto, lido aqui como mais que um sentimento que permeia a relação familiar, mas verdadeiro princípio que deve ser levado em conta em todas as decisões oriundas das relações familiares, tal qual o instituto da multiparentalidade.

CAPÍTULO 08- Da necessidade de alteração do ART.1240A do CC/02

Com inspiração no art.183 da CRFB/88[93] que prevê a usucapião especial urbana que tem o escopo de concretizar o princípio da função social da propriedade, bem como no art. 1240 A do CC[94].

---

[92] Art. 1.641. É obrigatório o regime da separação de bens no casamento:
II – da pessoa maior de 70 (setenta) anos; (Redação dada pela Lei nº 12.344, de 2010)

O CC em seu art. fez a previsão da usucapião familiar, cujos requisitos são:

> Art. 1.240-A. Aquele que exercer, por 2 (dois) anos ininterruptamente e sem oposição, posse direta, com exclusividade, sobre imóvel urbano de até 250m² (duzentos e cinquenta metros quadrados) cuja propriedade divida com ex-cônjuge ou ex-companheiro que abandonou o lar, utilizando-o para sua moradia ou de sua família, adquirir-lhe-á o domínio integral, desde que não seja proprietário de outro imóvel urbano ou rural. **(Incluído pela Lei nº 12.424, de 2011)**
>
> 1º O direito previsto no caput não será reconhecido ao mesmo possuidor mais de uma vez.

Ocorre que no caso em tela o cônjuge só estaria usucapindo metade, posto que um dos requisitos é que o bem a ser usucapido seja metade do cônjuge passará a possuir a totalidade do bem.

---

[93][93] Art. 183. Aquele que possuir como sua área urbana de até duzentos e cinqüenta metros quadrados, por cinco anos, ininterruptamente e sem oposição, utilizando-a para sua moradia ou de sua família, adquirir-lhe-á o domínio, desde que não seja proprietário de outro imóvel urbano ou rural.
§ 1º O título de domínio e a concessão de uso serão conferidos ao homem ou à mulher, ou a ambos, independentemente do estado civil.
§ 2º Esse direito não será reconhecido ao mesmo possuidor mais de uma vez.
§ 3º Os imóveis públicos não serão adquiridos por usucapião.
[94] Art. 1.240. Aquele que possuir, como sua, área urbana de até duzentos e cinqüenta metros quadrados, por cinco anos ininterruptamente e sem oposição, utilizando-a para sua moradia ou de sua família, adquirir-lhe-á o domínio, desde que não seja proprietário de outro imóvel urbano ou rural.
§ 1º O título de domínio e a concessão de uso serão conferidos ao homem ou à mulher, ou a ambos, independentemente do estado civil.
§ 2º O direito previsto no parágrafo antecedente não será reconhecido ao mesmo possuidor mais de uma vez.

Fato é que há uma vedação de que o imóvel seja de até 250m². Dessa forma, o CC cria uma vedação que não faz sentido existir, uma vez que o espírito da lei da usucapião especial urbana é a função social da propriedade e inibir a concentração de grandes glebas nas mãos de poucos indivíduos.

Já o espírito da lei da usucapião familiar é proteger a entidade familiar, cuidar que aquele cônjuge que restou abandonado materialmente tenha seu lar protegido.

Não há nenhum motivo para a limitação de 250m², uma vez que como já dito anteriormente o cônjuge já é proprietário de metade do imóvel.

Ademias, há justo título, o cônjuge concorreu economicamente para aquisição daquele bem. Como um dos cônjuges já é dono de metade, na realidade fática estaria permitido usucapir tão somente 125m²,

Essa norma, não está em consonância com a CRFB/88 que prevê a proteção da entidade familiar.

Quanto maior é o imóvel, mais esforços o cônjuge que reside nele tem que empenhar, sendo assim, essa vedação não se encontra baliza em nenhuma base principiológica que rege o direito das famílias.

Além disso, como já citado, o cônjuge só está usucapindo metade, posto que já fazia parte de sua esfera patrimonial a outra metade do imóvel.

Já que, conforme já salientado um dos requisitos para a usucapião especial familiar é que o cônjuge tenha contribuído financeiramente para a aquisição do bem.

Apesar de inspirado na usucapião especial urbana, a usucapião familiar possuí objetivo diverso, que como dito anteriormente é a proteção da entidade familiar.

Além disso, há um requisito que difere completamente das modalidades de usucapião especial urbana que é o requisito da contribuição financeira para a aquisição do imóvel.

Dessa forma, aludido dispositivo deve passar por uma interpretação conforme a Constituição, para que o instituto tenha sua eficácia plena, sem restringir legítimos direitos e velando pelo princípio da isonomia.

Uma vez que a limitação em 250m² para a aquisição da cota parte da meação é tão somente um preciosismo patrimonial. E como já visto anteriormente o ordenamento jurídico caminha cada vez mais para que as relações existenciais estejam no centro da concretização dos direitos.

No caso da usucapião familiar estaria em colisão os direitos patrimoniais e os de solidariedade familiar, e o legislador já sinalizou que esse último prevalece, ao flexibilizar o direito da propriedade em nome dos deveres de solidariedade e afetividade.

Desse modo, não há que se falar em metragem quadrada máxima para a ocorrência da usucapião familiar, posto que essa se difere das outras modalidades de usucapião.

CONCLUSÃO

Sendo o Direito uma ciência social aplicada ele precisa estar em consonância com as mudanças socias para refletir as evoluções sociais. Ademais, é preciso que o legislador atendendo aos parâmetros estabelecidos pela CRFB/88, os transforme em mudanças legislativas e até mesmo constitucionais.

O direito das famílias e o direito sucessório deve guardar consonância com o princípio da vedação do retrocesso, que consiste em proteger os direitos fundamentas, já conquistados ao longo do tempo pelos, de forma a impedir que o legislador suprima ou restrinja os direitos alcançados.

Dessa forma, é preciso que os direitos reconhecidos e chancelados pelo Judiciário sejam positivados para que em períodos de conservadorismo político os Direitos Humanos conquistados sejam respeitados e observados pelo Estado.

Sendo as famílias base da sociedade e fundadas nos princípios do afeto, solidariedade e da pluralidade e diversidade. A sua entidade que é a concatenação da felicidade e respeito da dignidade humana deve ser respeitada pelo Estado., independemente da configuração ou recorte familiar.

Sendo esse o garantidor da observância de todos os direitos e deveres oriundos das relações familiares e respeito a todos os tipos de entidades familiares.

E principal ator para a concretização dos princípios e regras estabelecidos na Constituição atinentes as entidades familiares.

REFERÊNCIAS BIBLIOGRÁFICAS

Ação de Reivindicação de Paternidade Socioafetiva. Disponível em: <http://www5.tjmg.jus.br/jurisprudencia/pesquisaPalavrasEspelhoAcordao.do?&numeroRegistro=3&totalLinhas=3&paginaNumero=3&linhasPorPagina=1&palavras=filho%20afetivo%20herdeiro&pesquisarPor=ementa&pesquisaTesauro=true&orderByData=1&referenciaLegislativa=Clique%20na%20lupa%20para%20pesquisar%20as%20refer%EAncias%20cadastradas...&pesquisaPalavras=Pesquisar&> acesso em: 12 de out. 2016.

BRASIL. *Código Civil.* Disponível em: < http://www.planalto.gov.br/ccivil_03/leis/2002/l10406htm>. Acesso em: 24 mai 2019.

_____.. *Código de Processo Civil.* Disponível em: <http://www.planalto.gov.br/ccivil_03/_ato 2015-2018/2015/lei/l13105.htm>, Acesso em: 06 ago 2019.>. Acesso em: 13 jun. 2019.

_____. *Constituição da República Federativa do Brasil.* Disponível em: < http://www.planalto. gov.br/ccivil_03/constituicao/constituicao.htm>. Acesso em: 04 abr 2019.

_____. *Enunciado nº 97 CJF.* Disponível em: < https://www.cjf.jus.br/enunciados/enunciado/72 8>. Acesso em: 24 mai 2019.

_____. *Enunciado nº 99 CJF.* Disponível em < https://www.cjf.jus.br/enunciados/enunciado/73 0>. Acesso em: 24 mai 2019.

_____. *Lei nº 8245.* Disponível em: < http://www.planalto.gov.br/ccivil_03/leis/l8245.htm>. Acesso em: 24 mai 2019.

_____. *Lei nº 11.719 .* Disponível em: <http://www.planalto.gov.br/ccivil_03/_Ato2007-2010/20 08/Lei/L11719.htm>. Acesso em: 11 set 2019.

_____. *Novo Código Civil exposição de motivos e texto sancionado.* Disponível em: <http://www 2.senado.leg.br/bdsf/bitstream/handle/id/70319/743415.pdf?seque nce=2>. Acesso em: 24 mai 2019.

_____. *Notícias STF. Fixada tese de julgamento*

que trata de responsabilidade de pais biológicos e socioafetivos. Disponível em: http://www.stf.jus.br/portal/cms/verNoticiaDetalhe.asp?idConteudo=325874&caixaBusca=N <acesso em: 20 de out. 2016>.

_____. Supremo Tribunal Federal. *Repercusão geral no Recurso Extraordinário 878.694 Minas Gerais*. Disponível em: <http://redir.stf.jus.br/paginadorpub/paginador.jsp?docTP=TP&docID=13579050>. Acesso em: 24 mai 2019

BODIN DE MORAES, Maria Celina. *A nova família, de novo- Estruturas e função das famílias contemporâneas*. Revista Pensar, Fortaleza, n.2, p. 587/628, maio/ago, 2013.

_____. *A Família Democrática*. Disponível em: http://www.ibdfam.org.br/_img/congressos/ anais/31.pdf <acesso em: 07 de out. 2016>.

_____. *Constituição e Direito Civil: Tendências*. Revista dos Tribunais. v. 779/ 2000. p. 47- 63 set. 2000. Doutrinas Essenciais Obrigações e Contratos v. 3 p. 343 - 364. jun. 2011.

CÂMARA, Alexandre Freitas. *"União Estável" hetero ou homoafetiva*: relação matrimonial sem casamento. Revista trimestral de direito civil. V.50 (abril/junho 2012) – Rio de Janeiro: Padma, 2000

Criada pelos patrões, filha de empregada doméstica tem direito à herança de mãe afetiva. Disponível em: http://www.jornaldaordem.com.br/noticia-ler/criada-pelospatroes-filha- empregada-domestica-tem-direito-heranca-mae-afetiva/28079 <acesso em: 02 de nov. 2016>.

DIAS, Maria Berenice. *Manual de Direito das Famílias*. 9ª ed. São Paulo: Editora Revista dos Tribunais, 2013, p. 72-74.

DWORKIN, Ronald. *Levando os direitos a sério*. Tradução Nelson Boeira. 2. ed. São Paulo: Martins Fontes, 2007.

_____. *O império do direito*. Tradução Jefferson Luiz Camargo. 3. ed. São Paulo: Martins fontes, 2014.

IBDFAM- *Os limites da intervenção do Estado na vida privada*. Disponível em: http://www.ibdfam.org.br/noticias/4652/Os+limites+da+interven%C3%A7%C3%A3o+do+Esta do+na+vida+privada <acesso em: 21 de out. 2016>.

Investigação de paternidade. Disponível em:< http://www.tjrs.jus.br/busca/search?q=70052137049+&proxystylesheet=tjrs_index&client=tjrs_index&filter=0&getfields=*&aba=juris&entsp=apoliticasite&wc=200&wcmc=1&oe=UTF8&ie=UT8&ud=1&lr=lang_pt&sort=date%3AD%3AR%3Ad1&as_qj=&site=ementario&as_epq=&as_oq=&as_eq=&as_q=+#mairesjuris> acesso em: 15 de nov. 2016>.

MIGALHAS. *Socioafetividade e multiparentalidade acolhidas pelo STF*.

Disponívelem:<http://www.migalhas.com.br/dePeso/16,MI2469 06,81042Socioafetividade+e+multiparentalidade+acolhidas+pe lo+STF> acesso em: 08 de out. de 2016.

SAMPAIO, Kelly Cristine Baião. *Reflexões acerca da incidência dos princípios da Liberdade Individual e da Solidariedade Social nas relações familiares* –Revista Ética e Filosofia Política, 2ª ed., Número, XI, Volume II-jun/dez 2009.

STJ novamente se manifesta pelo reconhecimento do vínculo socioafetivo. Disponível em: <http://lfg.jusbrasil.com.br/noticias/2014988/stj-novamente-se-manifesta-pelo-reconhecimento- do-vinculo-socioafetivo> acesso em: 05 de mar. 2016.

TARTUCE, Flávio. *STF encerra o julgamento sobre a inconstitucionalidade do art. 1.790 do Código Civil. E agora?.* Disponívelem:<https://flaviotartuce.jusbrasil.com.br/artigos/4655269 86/ stf-encerra-o-julgamento-sobre-a-inconstitucionalidade-do-art1790-do-codigo-civil-e-agora>.Acesso em: 31 out 2019.

TEPEDINO, Gustavo. *Premissas metodológicas para a constitucionalização do direito civil.* Disponível em:< http://www.tepedino.adv.br/tep_artigos/premissasmetodologic as-para-a constitucionalizacao-do-direito-civil/>. Acesso em: 05 abr 2019.

TJ/SC: *Filha de doméstica criada por patrões tem direito à herança da mãe afetiva.* Disponível em:< http://atualidades-do-direito.jusbrasil.com.br/noticias/100141264/tj-sc-filha-de-domestica- criada-por-patroes-tem-direito-a-heranca-da-mae-afetiva > acesso em: 02 de nov. de 2016 .

www.ingramcontent.com/pod-product-compliance
Lightning Source LLC
Chambersburg PA
CBHW070352230526
45471CB00006B/2538